AF525612

Reiner Vogel

DUNKLE GESCHICHTEN AUS Niederbayern

Bildnachweis

Alle Fotos Bianca Wohlleben-Seitz mit Ausnahme von:
The lion sleeps tonight / Bilddokumentation: Tiergarten Straubing, S. 15
Der Feuerstein wurde aus runden Schächten erschlossen. In den 1980er-Jahren erfolgten umfangreiche Ausgrabungen. Bilddokumentation: Archäologie Kelheim, S. 57

1. Auflage 2021

Umschlaggestaltung: r2 | Ravenstein, Verden
Layout und Satz: Schneider Professionell Design, Schlüchtern-Elm
Druck: Rindt Druck, Fulda
Buchbinderische Verarbeitung: Buchbinderei S. R. Büge, Celle

34281 Gudensberg-Gleichen, Im Wiesental 1
Tel. 0 56 03 - 9 30 50   www.wartberg-verlag.de
ISBN 978-3-8313-3364-6

Inhalt

Vorwort

Überregional ist häufig immer noch vom Bayerischen Wald die Rede, wenn es um Niederbayern geht. Das liegt sicherlich auch an den touristischen Pfaden, die hier bereits seit Jahrzehnten immer entschlossener ausgebaut und betreten wurden. Niederbayern ist aber erheblich mehr als das waldreiche Gebiet an der Grenze zu Tschechien und zu Oberösterreich:

Da gibt es etwa im Süden des Bezirks das anmutig geschwungene Hügelland mit den Rottaler Heilbädern Füssing, Griesbach oder Birnbach. Hier kann Kraft getankt werden. Daneben ist das weite Donautal Naturschauspiel und Augenweide zugleich. Immer mehr Radfahrer erkunden die Region und sind begeistert von Kultur und Natur entlang der Wege. Die wunderschönen Städte wie Landshut, Passau oder auch Straubing und Deggendorf bieten nicht nur reiche Geschichte, sondern pflegen auch ruhige Gastlichkeit bei vernünftigen Preisen.

In dem mit 10 000 Quadratkilometern flächenmäßig zweitgrößten bayerischen Regierungsbezirk Niederbayern leben mit 1,2 Millionen Menschen etwa zehn Prozent der bayerischen Bevölkerung.

Kein Wunder, dass es in so einem vielgesichtigen Gebiet auch Geschichten gibt, die etwas unter der täglichen Oberfläche liegen. Folgen Sie mir auf eine kleine Reise in ein verborgenes Niederbayern – geheimnisvoll, spannend, manchmal auch dunkel.

Ruhe bei Tag und Nacht: der Petersfriedhof in Straubing

Eine unwirkliche Stille liegt über der Szenerie. Wer das schmiedeeiserne Tor des Petersfriedhofes öffnet, verlangsamt automatisch seinen Gang. Angesagt ist in dieser eigenen Welt nur noch ehrfürchtiges Staunen. Ein paar Schritte auf dem auslaufenden Steinpflaster, dann gibt es nur noch Laub, ungemähtes Gras, Bäume und verwitterte Grabmäler – 1350 insgesamt. Der ummauerte und damit geschützte Gottesacker war ehedem Wehrfriedhof für die Straubinger Bürgerschaft. Hierhin flüchtete man bei feindlichen Angriffen mit Hab und Gut, sogar mit den Tieren. Das hölzerne Friedhofstor war fest verschließbar und die Menschen konnten sich in der „Asylkirche“ verschanzen.

Der Petersfriedhof wird von Kunsthistorikern zu den bedeutendsten deutschen Friedhofsanlagen gezählt. Dies geschieht mit gutem Grund: die Grabmäler stammen aus der Zeit vom 14. bis zum 20. Jahrhundert und erzählen nicht nur vom stolzen Straubinger Bürgertum. Auch das tragische Schicksal der in der Donau ertränkten Agnes Bernauer wird hier wieder gegenwärtig – dazu später mehr. Die Filialkirche St. Peter war ehemals die Pfarrkirche der heutigen Innenstadt, gelegen über dem Südufer der Donau. Noch früher stand hier ein römisches Kastell. Die romanische Pfeilbasilika wurde gegen Ende des 12. Jahrhunderts mit dem Selbstbewusstsein einer aufstrebenden Ansiedelung errichtet. Bis zum 19. Jahrhundert gab es auf dem umliegenden Friedhof keine Bäume, auf den Gräbern nur einfache Holz- und Eisenkreuze. So ist es in einer Beschreibung der Friedhofsverwaltung zu lesen. Im Jahre 1835 bemängelten dann amtliche Stellen die Überfüllung des Friedhofs und der zuständige Bezirksarzt forderte wenige Jahrzehnte später „dass

der Petersfriedhof zu schließen sei und zwar für Jedermann ohne Unterschied und für immer".
Auch die Hochwassergefahr spielte eine wesentliche Rolle. Schließlich musste der Stadtmagistrat nachgeben. Der Michaelsfriedhof wurde zum neuen Zentralfriedhof bestimmt und der Petersfriedhof 1879 für Begräbnisse geschlossen. Lediglich 1945 wurden noch einige Schlesier hier begraben, die nach ihrer Flucht in Straubing gestorben waren. Davon abgesehen, blieb St. Peter also seit dem Ende des 19. Jahrhunderts vollkommen und ungehindert der alles überwuchernden Natur überlassen. Es konnte sich damit eine zauberhaft geheimnisvolle Friedhofslandschaft mit morbidem Charakter entwickeln.

Denkmal-Rundgang

Egal zu welcher Jahreszeit: Der Besuch in St. Peter eröffnet eine friedvolle, abgeschiedene Welt. Da gibt es verwitterte Grabsteine, die aussehen wie abgearbeitete Menschen mit krummen Rücken. Andere Steine sind nahezu vollkommen bemoost und geben nur ungern die alten Inschriften preis. Überhaupt ist es schwer, die verblassten Namenszüge zu lesen, auch manche Sinnsprüche und Zueignungen sind leider unleserlich geworden. Manchmal erkennt man aber doch, dass – hier an dieser Stelle – der 1866 gestorbene Buchhändler Clemens Attenkofer ruht, der als Gründer der regionalen Zeitung „Straubinger Tagblatt" ein herausragender Vertreter der aufkommenden Medienszene war. In der Nähe gibt es auch noch ein ganz besonderes „Familiengrab" – und zwar mit einem Eisengestell als Grabeinfassung. Dem Hörensagen nach sind in der zweiten Hälfte des 19. Jahrhunderts alle 16 Kinder einer Straubinger Familie erkrankt und gestorben. Nach dem Tod des letzten Kinders hätten die Eltern dann das nicht mehr

Die ältesten Grabmale im Petersfriedhof stammen aus dem 14. Jahrhundert.

benötigte Bettgestell auf das Grab gestellt. Laut Friedhofsverwaltung ist dieses Grab zu einer Art Wahrzeichen des Friedhofs geworden.

Geschmückt sind die Bürgergräber immer wieder mit schmiedeeisernen Kreuzen. Diese zeigen den Reichtum des Friedhofs. Einige stammen noch aus dem frühen 18. Jahrhundert, die meisten sind klassizistisch. Viele sind verrostet und zeigen neben der menschlichen auch die materielle Vergänglichkeit. Im gesamten Friedhof gibt es kaum ein komplettes Grabfeld. Und doch sieht man auch hier Standesunterschiede. Manche Grabtafeln der Adeligen und Patrizier der Herzogstadt drücken gediegenen Reichtum und erhebliches Selbstbewusstsein aus. Familienwappen dürfen dabei nicht fehlen, auch nicht Zeugnisse demütigen Glaubens – wohl auch inspiriert durch die Nähe des eigenen Todes. Dieser Gedanke schwebt hier ohnehin über allem.

Das Grab der Bernauerin

Über den Friedhof verstreut, gibt es in der Nähe der Kirche drei Kapellen. Die Kapelle Unserer Lieben Frau war der ursprüngliche Keller für die Totengebeine und stammt aus dem 15. Jahrhundert. Die Ölbergkapelle datiert aus der Barockzeit. Und dann ist da noch die sagenumwobene Bernauerkapelle. Sie erinnert an das herzerweichende Schicksal der Augsburger Baderstochter Agnes Bernauer. Für den bayerischen Herzog Albrecht III. war sie die große Liebe, für seinen Vater Ernst schlicht und einfach nicht standesgemäß. Als der Sohn verreist war, ließ der Schwiegervater die junge Frau 1435 kurzerhand in der Donau ertränken. Nachdem sich Vater und Sohn auf Vermittlung des Kaisers dann doch wieder versöhnt hatten, ließ der (vielleicht) reuige Herzog Ernst die Sühnekapelle erbauen. Eine besondere Geste sollte wohl auch noch ein Grabstein aus rotem Marmor sein. Dabei liegen der lebensgroß dargestellten Bernauerin zwei kleine Hunde zu Füßen. Wo Agnes wirklich bestattet wurde ist allerdings unklar.

„Kopf ab“: die letzte Schwerthinrichtung Bayerns

Das Wappen des Luftkurortes Mitterfels ist eindeutig: Das silberne Schwert im roten Schildhaupt gilt als Symbol für eine lang andauernde Hochgerichtsbarkeit. Vor Ort war man zuständig bei „Malefiz-Verbrechen“, bei Kapitalverbrechen also. Mit dem Aussterben der Grafen von Bogen war das Gebiet um die Burg Mitterfels 1242 an die Wittelsbacher gefallen. Unter dem jahrhundertelang dominierenden bayerischen Herrschergeschlecht entwickelte sich Mitterfels zu einem juristischen „Hotspot“ mit weitem Umgriff. Die Burg war Sitz des Landgerichts, ab 1879 des Amtsgerichts. Dazu gehörten Richter ebenso wie mittelalterliche Pfleger. Zeitweise war das Gericht für sechzig Gemeinden und acht Schergenämter (Untergerichte) die obere Instanz. Aus Mitterfels wurde ein regelrechtes „Beamtendorf“ mit Vermessungs- und Landwirtschaftsamt, Notariat oder Distriktsparkasse. Die meisten dieser Einrichtungen wurden durch Verwaltungs- und Gebietsreformen in den 1970er-Jahren allerdings wieder abgezogen – zuletzt auch 1973 das Amtsgericht im ehemaligen barocken Schloss, dem Pflegerhaus. Heute ist hier das Rathaus untergebracht und gegenüber wartet im ehemaligen Gefängnistrakt das Burgmuseum auf interessierte Besucher und Besucherinnen.

Strenge Urteile

Die (auch) in Mitterfels gesprochenen Urteile beruhten lange Zeit auf dem mittelalterlichen Prinzip der Abschreckung. Noch bis zum Beginn des 19. Jahrhunderts muten sie aus heutiger Sicht ziemlich martialisch an. Für insgesamt 33 Verbrechen gab es in Mitterfels die Todesstrafe, vollstreckt durch das Schwert

oder den Galgen, oftmals nach „peinlicher Befragung“ – also nach Folter. So wurde zum Beispiel 1746 der „fahrende Büttel“ Ägidius Breithaeuser, 48 Jahre alt, mit dem Schwert hingerichtet, weil er trotz Ausweisung in das „Vaterland” (d.h. in den Heimatort) zurückgekehrt ist. Am 28. September 1750 wird ein Stefan Rauscher mit dem Schwert hingerichtet, weil er dreimal versucht hat, sich das Leben zu nehmen: durch Aufhängen, Aufschneiden der Adern und Verschlucken von Spinnen.
Ein weiteres Beispiel: Anna Osterkorn aus Elisabethszell gebar ein lediges Kind, das sofort nach der Geburt starb. Sie begrub es nachts auf dem Friedhof, wurde ertappt und des Mordes angezeigt, verhört und wegen Leugnens auf dem Folterstock gepeinigt und schließlich zum Tod durch das Schwert verurteilt. Diese und andere Urteile sind auf der hervorragend gepflegten Homepage der Gemeinde Mitterfels erwähnt. Zusammengetragen wurden sie vom überaus engagierten Arbeitskreis Heimat-

Gefängniszelle im Burgmuseum Mitterfels. Hier verbrachte Dominikus Hahn seine Haft.

geschichte. Dieser hat auch dokumentiert, dass zwischen 1584 und 1738 achtundvierzig Hexenprozesse stattgefunden haben – sechzehn Todesurteile wurden danach vollstreckt.

Der enthauptete Lehrer Dominikus Hahn

Das ehemalige Gefängnis wurde im 18. Jahrhundert in den Turmzwinger eingefügt. Es war bis 1879 das Gefängnis des Landgerichts und bis 1949 des Amtsgerichts Mitterfels. In einer der ins heutige Burgmuseum integrierten Gefängniszellen saß auch der Lehrer Dominikus Hahn ein. Er war der letzte Mensch, der am 13. August 1847 in Bayern öffentlich mit dem Schwert hingerichtet wurde. Ein überaus spannendes, zeitnahes Dokument des Mitterfelser Landrichters Ludwig Wieser beschreibt die Situation, die zu dem späteren Mordplan des Dominikus Hahn führte: „Im August 1843 heirathete er die Wirthstochter Anna Maria Lutz aus Cham, damals 25 Jahre alt, die sich ihm als Frau hatte antragen lassen. Lehrer Hahn behielt indessen eine nahe Anverwandte, Magdalena Hahn von Pfarrleuten, geboren 1816, als Magd im Dienst. Dieselbe war frech, ausgelassen, und widerspenstig gegen die Frau; der Mann aber hielt zu ihr, so, daß es zwischen ihr und der Lehrerin bald zu Verdrießlichkeiten kam. Die Letztere wollte die Magd aus dem Hause fortschaffen, was aber ihr Ehemann nicht zugab." Dominikus Hahn war der verführerischen Magd „in Leidenschaft verfallen" und suchte einen gewaltsamen Ausweg. Durch einen Wirtshausbesuch wollte er sich ein Alibi verschaffen, während der Bruder seiner Geliebten die schwangere Ehefrau meuchelte. Die Sache flog allerdings rasch auf. Das Gericht verurteilte alle drei Angeklagten zum Tode. Ein Gnadengesuch an König Ludwig I. führte nur für die Mitschuldigen zur Umwandlung in lebenslange Zuchthausstrafe. Auf den „hauptschuldigen" Ehemann wartete der Tod durch das Schwert.

Kopf ab

Am 13. August 1847 wurde die Hinrichtung inmitten von Mitterfels vollzogen und etliche tausend Zuschauer kamen, einige auch von weit her. Sogar Mütter sollen mit kleinen Kindern auf dem Arm das Spektakulum verfolgt haben. Die Hinrichtungsbühne bei der heutigen Gaststätte Moosmüller war drei Meter hoch, damit alle Zuschauer gut zusehen konnten. Und dann war es soweit: „Die Zuschauer haben unwillkürlich die Augen geschlossen, um das Schreckliche nicht zu sehen; gellende Schreie und lautes Weinen mischen sich in das Gebet des Priesters. Frauen sind ohnmächtig geworden, Kinder greinen vor sich hin. Da tritt der Henkersknecht an die vier Ecken des Schafotts und zeigt den abgeschlagenen Kopf nach allen Seiten herum. Der Gerichtsarzt betritt die Bühne und konstatiert den Tod des Delinquenten. Der Rumpf wird in den bereitstehenden Sarg gelegt, der Kopf kommt zwischen die Füße zu liegen. Der Scherg streut Sägemehl auf den blutverschmierten Boden. Der Geistliche hält dann vom Blutgerüst aus an die Menge eine kurze Ansprache und mit einem letzten Vaterunser endet das Trauerspiel." Weil das Verscharren an Ort und Stelle nicht mehr üblich war, wurde Dominikus Hahn an der Friedhofmauer in Mitterfels bestattet.

„Licht aus“: der nächtliche Straubinger Tiergarten

In den 1930-er Jahren war die Straubinger Gesellschaft an den Wochenenden gerne im „Prinzregent Luitpold Hain“ unterwegs. Auf dem Parkgelände vor den westlichen Stadttoren stärkte man sich laut alten Berichten im „Mooshäusl“ zunächst mit Butterbrot und Milch. Danach wurden Fasane, Pfauen, Füchse oder Nutrias bewundert, die von einer hier lebenden Familie gehalten wurden. Der amtierende Oberbürgermeister Joseph Reiter forcierte den Ausbau des Parks und so konnte 1937 der Tiergarten eröffnet werden. Durch gute Verbindungen schenkte der Hamburger Hagenbeck Zoo der jungen Straubinger Einrichtung bald danach drei junge Löwen. Während des Zweiten Weltkrieges wurde der Tierdompteur Hans Lange erster Zoodirektor und brachte weitere vier Löwen als „Morgengabe“ mit. In den 1950er-Jahren war es dann die Fernsehbekanntheit des Schimpansen „Jimmy“, die dem Tiergarten nach den Kriegswirren wieder auf die Beine half. Legendär waren dessen Spaziergänge und Wirtshausbesuche mit dem neuen Direktor Hans Schäfer. Ich kann es aus eigenem Erleben bestätigen: Nach Straubing gefahren ist man wegen des (auch) Zigaretten rauchenden „Jimmy“.

Der Straubinger Tiergarten hat sich die damals erworbene Bekanntheit nicht nur bewahrt, sondern diese durch qualitätvolle Arbeit immer wieder bestätigt. In durchschnittlichen Jahren nehmen über 300 000 Besucherinnen und Besucher das Angebot wahr: 1700 exotische und einheimische Tiere aus 200 Arten können in ihren naturgetreuen Lebensräumen besucht werden. Ein abwechslungsreicher und auch spannender Tagesausflug ist garantiert. Doch was passiert eigentlich nachts in einem Tiergarten? Ist jemand da, der das Licht ausknipst und der ziemlich bestimmt „Gute Nacht!“ sagt? Wacht vielleicht ein Nachtwächter über die Szenerie? „Nein, den gibt es nicht“, sagt Zoopädagogin Michaela Gauderer. Der gesamte Tiergarten wird aber mit einer Alarmanlage vor ungewolltem Besuch geschützt.

Nächtlicher Rundgang mit der Zoopädagogin

Im Exotarium, dem ersten Tropenhaus auf der nächtlichen Wanderung, ist es stockdunkel. Die tropischen Vögel haben sich auf ihre Schlafäste zurückgezogen. Etwas kurios ist die Schlafposition der Blaukrönchen. Diese spatzengroßen Papageien hängen sich nachts kopfüber an dünne Äste. So sind sie in freier Wildbahn vor Schlangen bestens geschützt. Sie werden auch „Fledermauspapageien“ genannt. Die Krallenaffen sind in einem dicken Knäuel in ihren Schlafhäuschen zusammengekuschelt. Nur die Faultiere geben sich etwas aktiver als tagsüber und hangeln sich zu ihren Futterschüsseln am anderen Ende des Geheges. Und die Riesenschlangen? Ob sie schlafen oder hellwach auf der Lauer liegen ist höchst ungewiss – Schlangen können ihre Augen nicht schließen.

Weiter geht es zum „Dannerhaus“, das den Namen einer langjährigen Gönnerin des Zoos trägt. Die Außenvolieren bewohnen diverse Papageienarten, darunter Sonnensittiche, Keas und die seltenen Hyazinth-Aras. Im Innenbereich finden sich Anlagen für Fenneks, Lisztaffen sowie einige Terrarien. Während ansonsten die Wüstenfüchse von den Zoobesuchern tagsüber meist nur schlafend gesehen werden, sind diese kleinen Füchse in warmen Sommernächten in Innen- wie auch Außengehegen unterwegs und graben nach Insekten. Anders als die tropischen Papageien dürfen die Keas das ganze Jahr über auch nachts in das Außengehege. Als neuseeländische Gebirgspapageien

Schlafender Löwe im Straubinger Tiergarten.

ist ihr Körper auf Kälte und Nässe eingestellt. So fungieren sie auch als „Nachtwächter“ und kommentieren jede nächtliche Störung mit lauten Rufen. Im westlichen Teil des Tiergartens liegen mehrere Gehege für Huftiere.

An die 2011 erneuerte Gemeinschaftsanlage für Wisente und Damhirsche schließt sich das Gehege der Rothirsche an. Während die Wisente die Nacht im Stall verbringen, bleiben Damhirsche und Rothirsche auf der Anlage. Als Fluchttiere schlafen sie selten tief und sind stets alarmbereit. Vorbei führt der Weg an der Anlage für die Trampeltiere, der Afrika-Anlage für die Zebras, Watussi-Rinder, dem großzügigen Gelände der Yaks sowie den Tigern und Löwen. Diese Außengehege sind alle verwaist – die Tiere schlafen in ihren Innengehegen. Jeder der drei sibirischen Tiger und der beiden afrikanischen Löwen hat eine eigene Schlafbox. Sie sind also die Nacht über völlig ungestört. Bei den Luchsen sowie ein Stück weiter bei den Bennettkängurus und den Emus bleibt die Stalltüre nachts offen. Sie haben die Wahl, wo sie die Nacht verbringen wollen.

Heimatliches Terrain

Das „Danubium“ ist nach dem Straubinger Heimatfluss benannt. Hier leben ausschließlich Tiere, die direkt mit der Donau verbunden sind. Deshalb gibt es hier Biber, Fischotter, Waschbären und Weißstörche. Zahlreiche Enten bevölkern den durch die Anlage fließenden Bach. All diese Tiere leben ihren ganz normalen natürlichen Tagesablauf: Während Waschbären und Fischotter eher dämmerungs- und nachtaktiv sind und sich tagsüber meist nur zu den Fütterungszeiten sehen lassen, sind die Biber nur nachts unterwegs, um die von den Pflegern angebotenen Äste abzunagen und zu Burgen aufzuschichten. Das Donauaquarium ermöglicht dann noch einen Blick unter die Wasseroberfläche der nächtlichen Donau. Hier ziehen heimische Fische in sieben Großaquarien ihre Bahnen oder schweben nahezu bewegungslos in nächtlicher Ruhe durch das Wasser. Getrennt nach den Fließgewässerzonen vom Quellgebiet bis zur Mündung kann man hier von der Bachforelle über die seltenen Huchen und verschiedenen Störarten bis zu riesigen Wallern zahlreiche Fische beobachten. Ihre Augen leuchten gespenstisch im Licht der Taschenlampe – ein eindrucksvolles Ende für einen eindrucksvollen Nachtspaziergang durch den Straubinger Tiergarten. Jetzt ist es an der Zeit, selbst ins Bett zu gehen.

Jagdszenen: Unholzing als Kulisse für einen „Skandalfilm“

„Man sollte diese Sache nicht wieder aufwärmen“, sagt milde lächelnd ein etwas älterer Mann, und außerdem habe er jetzt einen Termin. Es ist ein Sonntagvormittag im Corona-Winter 2021 in Unholzing, einem Dorf nördlich von Landshut. Die Ortschaft mit etwa dreihundert Einwohnern gehört zur Gemeinde Postau. Die Dorfstraße läuft auf die in einem freundlichen Gelbton frisch gestrichene Kirche St. Quirin zu. Auf der gemeindlichen Homepage wird sie als „ein ländliches Kleinod der Kirchenbaukunst“ gelobt. Die viereckigen Grabsteine rundherum sind so, wie andernorts auch: uniform und damit vermeintlich zeitgemäß. Andererseits fällt auf, dass die Hofstellen entlang der Straße meist geräumig sind. Es scheint also hier nicht viel Armut daheim zu sein.

Unholzing war vor etwas mehr als fünfzig Jahren in aller Munde. Hier wurde 1968 ein aufsehenerregender und heiß diskutierter Film gedreht: „Jagdszenen aus Niederbayern“. Dies war für einige ein Skandalfilm mit unmoralischem Hintergrund, für andere ein bedeutender Meilenstein des deutschen Nachkriegsfilms. Für blutjunge Darstellerinnen, wie die spätere Fassbinder-Muse Hanna Schygulla und die durch die Böll-Verfilmung von „Katharina Blum“ zum Star avancierte Angela Winkler, war es zudem der Beginn ihrer steilen Karrieren.

Wie kam es zu alledem?

Der 1944 im Bereich Landshut geborene Dramatiker Martin Sperr hatte mit seinem Theaterstück „Jagdszenen aus Niederbayern“ am Bremer Stadttheater und besonders an der Berliner Schaubühne bundesweites Aufsehen erregt. Der Regisseur Peter Fleischmann wurde aufmerksam und verwendete 1968 den Stoff über einen homosexuellen Außenseiter und über dörfliche Gewalt zu der spektakulären Verfilmung. Sperr spielte überzeugend auch den Hauptdarsteller Abram und erhielt dafür später den Bundesfilmpreis.

Die Dreharbeiten dauerten vom 5. August bis zum 6. Oktober 1968. Selbstverständlich sollte der Film auch deshalb in Niederbayern stattfinden, weil Laienschauspieler als wichtiger Teil des Gesamtprojektes eingeplant waren. Im benachbarten Hagenau – so ein Zeitzeuge – holte man sich mit dem Ansinnen um Drehgenehmigung eine Abfuhr. In Unholzing lasen Bürgermeister und Pfarrer den Text durch und waren einverstanden – so wird im Dorf kolportiert. Auch hält sich nach wie vor das Gerücht, dass die Dorfbewohner anfangs dachten, in ihrem Ort werde ein Film über die Jagd gedreht. Vielleicht hat man diese Variante aber später dazugedichtet, weil es so herrlich provinziell klang!

Die Dorfstraße von Unholzing mit der Kirche St. Quirin im Hintergrund.

So richtig reden mag heute im Ort niemand über den Film. Besagter Zeitzeuge war an diesem Sonntagvormittag im Auto nach Hause gekommen und hatte zunächst, wie es schien, gerne etwas erzählt. Erinnern kann er sich noch gut. Man vertrug sich ganz gut mit den teils etwas langhaarig-exotischen Darstellern. Das waren halt „Filmmenschen", was solle man da schon sagen? Wenn man ab und zu mal mit einer kleinen Arbeit aushalf wurde anständig bezahlt, da gab es nichts auszusetzen. Als der Mann erfährt, dass seine Bemerkungen als Geschichte in ein Buch geraten könnten, mag er nichts mehr sagen. „Die Leute" würden bestimmt fragen, warum er denn die Sache wieder aufwärmen müsse. Nein, das will er nicht. Die Bitte um ein Rundfunkinterview habe er kürzlich auch abgelehnt. Ohnehin müsse man sich manchmal noch etwas hänseln lassen als Unterholziger.

Schwul und Einzelgänger – eine problematische Konstellation

Was war eigentlich so schlimm an dem Film, dass in der ehemaligen „Filmkulisse" Unholzing auch heute nur ungern darüber geredet wird? Da war natürlich das „peinliche" Grundthema Homosexualität. Als der Film gedreht wurde, war die Liebe zwischen Männern immerhin noch strafbar und der Film „Jagdszenen" richtete sich offen gegen die Diskriminierung von Homosexuellen. Darüber hinaus ging es um die allgemeine Ausgrenzung von Minderheiten. Da war man in den 1960er-Jahren „zeitgemäß" noch ziemlich verunsichert. Dazu kurz die Filmhandlung: Der 20-jährige Mechaniker Abram kommt nach einem Gefängnisaufenthalt zu seiner Mutter ins Dorf zurück. Die hartherzig gewordene Flüchtlingsfrau will den Schein wahren und lügt, dass der Sohn auswärts gearbeitet habe. Natürlich wird bekannt, dass Abram eingesessen ist, und zwar wegen des berüchtigten Paragrafen 175, der sexuelle Handlungen zwischen Personen männlichen Geschlechts unter Strafe stellt. Die Dorfgemeinschaft grenzt den schwulen Zuchthäusler aus. Als auch die Mutter von ihm abrückt, bleibt Abram nur noch die verzweifelte Zuneigung der ebenfalls verachteten Dorfhure Hannelore. Beiden steht auch noch ihre unbeholfene Sprachlosigkeit im Weg. Zuletzt gibt es noch die vermeintliche Vergewaltigung eines behinderten Buben, viel Tratsch und Böswilligkeit, einen Mord im Affekt – und blanken Hass. Dieser entlädt sich in einer Menschenjagd im Gemeindewald. Abram wird gehetzt und verhaftet – die zufriedene Gemeinschaft organisiert ein Dorffest. Prost, Mahlzeit. Ende.

Reclams Filmführer urteilte damals: „Neben den Berufsschauspielern stehen Laien vor der Kamera, das Milieu wird mit kräftigen Strichen gezeichnet. Dabei ist der Regisseur nicht ganz der Gefahr entgangen, sein Dorf als Panoptikum, die Dörfler als abnorme Monstren zu zeichnen. Doch ganz deutlich wird die bornierte Engstirnigkeit, die Mechanik des Konformismus, die den ‚Andersartigen' ausstößt und jagt."

Unterirdisch gut: das KOENIGmuseum im Hofberg

Die Arbeiten des Bildhauers Fritz Koenig werden weltweit beachtet. So ist etwa der monumentale „Klagebalken“ auf dem Münchner Olympiagelände eine zeitlos beeindruckende Erinnerung an die Opfer des Anschlags auf die israelische Equipe von 1972. Das berühmteste Werk des 2017 verstorbenen Kunstprofessors Koenig dürfte jedoch die Kugelkaryatide am World Trade Center von New York sein. Diese riesige goldene Kugel überstand schwer beschädigt den Einsturz der Türme des WTC am 11. September 2001. Sie steht jetzt als Mahnmal für die Opfer des Anschlags im Battery Park in New York. Und ausgerechnet dieser international hochdekorierte Großkünstler hat im Landshuter Hofberg ein Museum initiiert, das von außen „unsichtbar“ ist und sich bescheiden in die historische Stadtkulisse einordnet? Um diese außergewöhnliche Geschichte zu verstehen, ist eine Rückblende angebracht.

Der Großkünstler

Der 1924 in Würzburg geborene Fritz Koenig kam als Sechsjähriger mit seinen Eltern nach Landshut. Rund um den Hofberg unternahm der Junge seine ersten Streifzüge und kam – wie er selber sagte – an der Hand seiner Mutter in das Haus eines Malzfabrikbesitzers am Fuße des Hofbergs. Der Freund der Eltern hatte Lagerräume in den Berg hineintreiben lassen. Diese wichen Jahrzehnte später den unterirdischen Räumen des Museums. Nach dem Abitur folgten für den jungen Mann Kriegsdienst und Gefangenschaft, dann das Studium der Bildhauerei in München und Paris. Bald gab es namhafte und ehrenvolle Ausstellungsbeteiligungen wie etwa bei der Kassler documenta II und III und die Teilnahme an der Biennale in Venedig. Akademische Weihen mit einer Professur für Plastisches Gestalten an der Technischen Universität München ergänzten den sehr erfolgreichen Lebenslauf. Koenig reifte zu einem der wichtigsten Protagonisten der deutschen Bildhauerei in der zweiten Hälfte des 20. Jahrhunderts heran. Seine Skulpturen entwickelten sich vielfach um einfache geometrische Körper. So stilisierte er den Kopf eines menschlichen Körpers durch eine Stahlkugel, der Torso wird durch zylindrische Stäbe dargestellt. Diese Formensprache begründet auch die unverwechselbare Aussagekraft seiner Arbeiten.

Der Ganslberg

Professor Koenig lebte und arbeitete Zeit seines Lebens im Großraum Landshut und München. Gemeinsam mit seiner Frau Maria baute er sich in den 1960er-Jahren ein Anwesen am Ganslberg bei Landshut. In der weitläufigen Anlage inmitten der bäuerlichen Kulturlandschaft schuf sich Koenig eine eigene Welt. Dazu gehörten zahlreiche Tiere, wie Hunde und Katzen, Pfauen und Hühner. Mit besonderer Leidenschaft züchtete der Bildhauer auch Araber-Pferde und sammelte afrikanische Kunstarbeiten.
Auf dem waldumsäumten Areal einer „Waldkoppel“ sollten dereinst Skulpturen des Bildhauers in freier Natur ihre Qualität beweisen und erhalten bleiben. Eine doppelte Nutzung des Ganslbergs als Skulpturenpark und Pferdeweide wurde angestrebt. 1978 kam aber das abrupte Ende dieses Vorhabens. Der Bau einer Autobahntrasse zerstörte den Traum des Ehepaars Koenig. Der Ganslberg war als „vollendeter, in sich gerundeter Lebens- und Kunstraum“ nicht zu retten, so heißt es in einer Dokumentation des KOENIGmuseums.

Das „unsichtbare“ Museum im Hofberg

Das KOENIGmuseum liegt unter dem bewaldeten Gelände des Hofbergs, unmittelbar hinter der historischen Landshuter Stadtmauer. Auf dem Areal stand fünfhundert Jahre lang ein Franziskanerkloster, später dann die erwähnte Mälzerei. Auf der großzügigen Wiese des Prantlgartens begrüßen Skulpturen von Fritz Koenig die Besucherinnen und Besucher. Zu sehen sind beispielsweise die Bronzen: „Große Zwei XXV“ oder „Großes Bouquet III“. Das Museum selbst ist ein fensterloser, in den Hofberg getriebener Bau, verborgen hinter dem Sichtziegelmauerwerk der mittelalterlichen Stadtmauer. Die Bauarbeiten dauerten von 1994 bis 1997. Von außen sind von dem 2200 Quadratmeter großen Rauminhalt nur zwei Tore in der Ziegelfassade sichtbar, sogar der Eingang hält sich dezent im Hintergrund. Die architektonischen Ideengeber des Museums wollten eindeutig eine

Koenig-Bronzen vor dem Museumseingang – u.a. „Große Zwei XXV“ und „Großes Bouquet III“.

unauffällige Einbindung in die Topografie der Stadtlandschaft. Die Kulturstätte zwischen den gotischen Kirchen St. Martin und St. Jodok sollte kein eigenes „Bildnis“ beanspruchen.

Der Gedanke an den Künstlernachlass an dieser Stelle in der Landshuter Innenstadt war erst nach dem Ende des Ganslberg-Vorhabens aufgekommen. Als „Dach“ brauchte es dazu eine Stiftung, welcher das Ehepaar Koenig seinen gesamten Besitz übertrug. Die Stadt Landshut verpflichtete sich im Gegenzug, das Museum im Hofberg zu bauen und zu unterhalten. Ein mutiges, weit über den Horizont einer Stadtratsperiode hinausreichendes Vorhaben.

Den Grundstock des Museumsbestandes bildeten die Kunstwerke der Stiftung. Sie umfasst das plastische und grafische Werk des Bildhauers, eine bedeutende Kollektion afrikanischer Kunst und weitere kunsthistorische und volkskundliche Sammlungskomplexe. Das Innere des 1998 eröffneten Museums ist hell und offen – Sichtbetonwände gliedern die ineinander übergehenden Galerieräume. Ein mäandernder Grundriss erschließt dem Besucher jeden einzelnen Raum als eigenes Kunstfeld. Die Objekte haben Platz zum Atmen und zu einer individuellen, angemessenen Präsentation – es entsteht eine geheimnisvoll-magische Atmosphäre. Fritz Koenig hat mit einfachsten, auf das Wesentliche reduzierten Formen gearbeitet. Die ebenfalls zurückgenommen Räume des Museums wirken auf wunderbare Weise dazu passend. Ein Museumsbesuch ist ein stimmiges Gesamterlebnis aus Kunst und Raumkunst.

Das Grab des ermordeten Gendarmen in Otterskirchen

Das Dorf Otterskirchen im Bereich der Gemeinde Windorf schmiegt sich wie selbstverständlich an einen Bergrücken nördlich der niederbayerischen Donau. Als besonders sehenswert wird für Kulturinteressierten der tatsächlich prächtige barocke Akanthusaltar in der Kirche St. Michael empfohlen. Derartige Altäre sind in dieser Gegend selten. Bevor eine höchst ungewöhnliche Grabstätte auf dem Friedhof die ungeteilte Aufmerksamkeit erwartet, sei noch an zwei weitere, „dunkle" Vorfälle aus der Ortsgeschichte erinnert. Zum einen wurde Pfarrer Josef Mitterer wegen „regimekritischer Äußerungen" in der Zeit des Nationalsozialismus zum Tode verurteilt und am 1. November 1943 in Berlin hingerichtet.

Andrerseits schrieb der „Meteoritenfall Otterskirchen" bundesweite Schlagzeilen. Am 10. April 1969 um 22.40 Uhr tauchte über dem Ort eine sehr langsam gleitende Feuerkugel auf, die dann zwischen Passau und Vilshofen verlöschte. Fünf Kameras des Europäischen Feuerkugelnetzes haben dieses Phänomen aufgezeichnet und verbürgen somit die Echtheit des Vorfalls. Die Fachleute sind ziemlich sicher, dass Fragmente eines Meteoriten irgendwo zwischen Passau und dem waldreichen Areal um Otterskirchen und Tiefenbach die Erde erreicht haben. Trotz einer Belohnung und der Mithilfe des Max-Planck-Instituts konnte jedoch bisher kein Überbleibsel des Meteoriten gefunden werden.

Eine besonders dunkle Geschichte rankt sich um das Polizistengrab von Otterskirchen. Seit 1946 findet auf dem Friedhof von St. Michael im Frühjahr ein Gedenkgottesdienst für Polizeibeamte statt, die in der Region während ihres Dienstes ums Leben gekommen sind. Dies waren bis zum Anfang 2021 in Niederbayern und der Oberpfalz 32 Beamte. Sie starben bei der Verbrechens-

Am Grab des Gendarmen Sebastian Schütz wird alljährlich jener Polizisten gedacht, die in Ostbayern während ihres Dienstes gestorben sind.

bekämpfung oder bei Verkehrsunfällen. Der jährliche Gedenkgottesdienst mit anschließender Kranzniederlegung ist dem Gendarmen Sebastian Schütz gewidmet. Er wurde am 1. April 1878 in Otterskirchen von dem Wilderer und Gewalttäter Sepp Sattler getötet. Sattler wurde im Mai 1830 als uneheliches Kind der Bauerstochter Korona Allerdinger in Niedernhart im Bereich von Tiefenbach geboren. Schon bald heiratete die Mutter den Kindsvater und zog auf dessen Anwesen ins nahe gelegene Höbersdorf. Der junge Hoferbe war leidenschaftlicher Jäger und nahm seinen Stammhalter frühzeitig mit in die umliegenden Wälder. Das Kind galt schon rasch als sicherer Schütze. Allerdings war der kräftig heranwachsende Sattler-Sepp mit einem „hitzigen“ Temperament ausgestattet. Bald war er nicht nur Vater von drei unehelichen Kindern, sondern lieferte sich auch immer wieder wilde Wirtshausraufereien. Mit 26 Jahren stach er auf einen Kontrahenten derart brutal ein, dass dieser an den Verletzungen starb. Daraufhin wurde der Sattler-Sepp zu zwei Jahren Arbeitshaus verurteilt.

Doch sollte er von der schiefen Bahn nicht mehr abkommen. Als ihn der Gendarm Johann Attenberger im Juli 1859 im Neunburger Wald bei Passau beim Wildern stellte, schoss er auf den Beamten. Diesmal gab es acht Jahre Arbeitshaus.

Das „Sattlerfangen“

Als der Sattler-Sepp schließlich aus dem Gefängnis entlassen wurde, verlegte er sich vollkommen auf ein kriminelles Leben mit Wilderei, Diebstählen und Gewalttaten. Während eines neuerlichen Zuchthausaufenthaltes im Bezirksgefängnis Passau konnte Sattler entkommen. Verschiedenen Festnahmeversuchen begegnete er äußerst brutal: Am 13. Juni 1877 schoss er die Gendarmen Weber und Kraus in der Nähe von Otterskirchen nieder und erstach am 22. Oktober gar den Gendarmen Michael Meisinger in Haidreuth mit mehreren Messerstichen. Die „öffentliche Ordnung“ reagierte heftig, und die Dienststellen der Gendarmerie zwischen Vilshofen und Passau wurden mit Soldaten verstärkt. Sogar die Bauern der Gegend wurden zum „Sattlerfangen“ aufgefordert. Schließlich kam es zum Showdown: Bei einer groß angelegten Polizeiaktion wurde Sattler am 1. April 1878 im Stadel des Bauern Rauscher in Brauchsdorf bei Tiefenbach gestellt und erschossen. Zuvor hatte Sattler den 31-jährigen Gendarmen Sebastian Schütz angeschossen und dabei so schwer verletzt, dass dieser noch am selben Tag starb. Wie es heißt, soll ein „guter Bekannter“ den Sattler Sepp wegen der Belohnung von 300 Mark verraten haben.

Sebastian Schütz und Josef Sattler wurden am 4. April 1878 beerdigt: der Gendarm unter großer Anteilnahme der Bevölkerung im Friedhof von Otterskirchen – der Wilderer frühmorgens an der Friedhofsmauer in Passau-Heining. Eine kirchliche Beerdigung hatte das Ordinariat in Passau nicht genehmigt.

Mitbringsel der Missionare: das Afrikamuseum Schweiklberg

Wenn vom „schwarzen Niederbayern“ gesprochen wird, ist damit meist die Wählerschaft der CSU gemeint. Die bayerische Regionalpartei mit dem Anspruch auf bundesweites Gehör fährt in der gesamten Region seit Jahrzehnten beste Ergebnisse ein und ist in der Bevölkerung fest verwurzelt. Im Wolferstetter Keller von Vilshofen lag dereinst sogar die Wiege des legendären „politischen Aschermittwoch“ mit Franz Josef Strauß. Mittlerweile sind hier nur noch kleinere Parteien beim alljährlichen Politspektakel vertreten. Die Christsozialen und ihre vieltausendköpfigen Anhänger mussten aus Platzgründen bereits 1975 ins benachbarte größere Passau ausweichen.

Ein paar Jahre nach dem Abzug der „schwarzen Matadore“ ist in Vilshofen ein hochinteressantes Museum entstanden, das eine ganz andere Assoziation mit „schwarz“ nahe gelegt: die Rede ist vom Afrikamuseum in der Abtei Schweiklberg. Anfang des 19. Jahrhunderts kaufte die Benediktinerkongregation von St. Ottilien das sogenannte Schweiklgut hoch über der Altstadt von Vilshofen. Hier erbauten die Patres ein Kloster zur Ausbildung von Missionsbrüdern. Im Jahre 1905 kam nicht nur ein Gymnasium dazu, sondern auch eine Klosterkirche. Deren zwei – für die bäuerliche Gegend ungewöhnlichen – Jugendstiltürme sind noch immer bis weit ins flach auslaufende Donautal hinein zu sehen. 1914 wurde Schweiklberg zur Abtei erhoben und erreichte vor dem Zweiten Weltkrieg mit 155 Mönchen eine erste Blütezeit. Dann ging es allerdings steil und brutal bergab: Die Nazis errichteten auch in der niederbayerischen Provinz ihr unheilvolles Regime. Die neuen Machthaber beschlagnahmten die Klostergebäude, missbrauchten die Einrichtungen für ideologische Schulungslager und verbannten schließlich das immer spärlicher werdende klösterliche Leben gänzlich. Nach dem Zweiten Weltkrieg wurde das Kloster wiederbelebt. In den 1960er-Jahren gab es sogar eine zweite Blütephase mit 130 Ordensbrüdern. Anfang 2021 lebten etwa zwanzig Mönche im Kloster, vier Brüder in der Mission – meist ältere Herren. Eine großzügig bemessene Realschule hält heute das Areal jung und lebendig.

„Afrikanische Mitbringsel"

Ihrem Auftrag gemäß missionierten die Schweiklberger Mönche hauptsächlich in Ost- und Südafrika. Von den Aufenthalten auf dem Schwarzen Kontinent brachten die heimkehrenden Mönche manchmal auch völkerkundlich interessante Gegenstände mit zurück. Diese Exponate bilden einen ersten Grundstock des 1990 gegründeten Afrikamuseums. Unerlässlich für das gesamte Unterfangen war aber die dem Kloster überlassene Sammlung des 1983 verstorbenen Passauer Unternehmers Gotthard Schwarz. Dieser hatte über Jahrzehnte hinweg afrikanische Kunst von besonderer Güte zusammengetragen. Sein Bruder Ethelberg war Pater im Schweiklberger Konvent und dies wird wohl die Entscheidung für die Übergabe an das Kloster beeinflusst haben. Wichtig war dann auch noch, dass der Passauer Afrikaexperte Manfred Zirngibl die zeitlos gültige professionelle Präsentation der Sammlung besorgt hat. Alle Gegenstände haben ausreichend Platz, können „atmen" und damit ihr Eigenleben vermitteln.

Die Besucherinnen und Besucher finden sich gut zurecht in den sensibel ausgeleuchteten Räumen in der ehemaligen Seminarkapelle hinter dem Klosterladen. Die etwa achthundert Kunstgegenstände sind nach Ethnien sortiert, verständlich beschriftet und umfassen einen Zeitraum von etwa 1890 bis in die jüngere Vergangenheit. Die afrikanische Handwerkskunst ist nicht bloßer Zierrat, sondern sucht immer wieder den Kontakt zur Vergangenheit und zu vorangegangenen Generationen. Hier ist viel Ernsthaftigkeit zu spüren, geduldiges Innehalten und Ehrfurcht gegenüber dem Tod. Dies gilt auch für einen prächtigen Königsmantel aus Nigeria. Gefertigt wurde er aus italienischen Murano-Glasperlen, die Europäer für Gold und Elfenbein in Afrika eingetauscht hatten. Verziert ist dieser Prunkmantel mit Schlangen und Totenköpfen. Auch hier ist also der Tod gegenwärtig. Im Hauptraum des Museums kann auch eine Sammlung von Kult- und Kulturgegenständen bestaunt werden. Zwei große Körpermasken eines Männergeheimbundes symbolisieren die Dualität von „männlich“ und „weiblich“ oder auch von „gut“ und „böse“. Sie wurden hauptsächlich bei Tanzfesten getragen. Einen herausgehobenen Platz in einer Vitrine nehmen Wurfdolche, Säbel

800 Kunstgegenstände werden im Afrikamuseum präsentiert.

und Schwerter ein. Diese Waffen waren aber in erster Linie nicht Kriegswerkzeuge, sondern repräsentative Würdezeichen. Sie stellten also eine relativ unblutige Variante im Zusammenleben des jeweiligen Stammes dar.

Die nach eigenen Angaben des Museums größte Sammlung afrikanischer Kunst in Süddeutschland ist nicht einfach so nebenbei abzuhaken. Dazu ist sie zu spannend und zu lehrreich. Besucherinnen und Besucher sollten sich in aller Ruhe auf die einzelnen Exponate einlassen – und auf die Gedanken, die dahinterstehen. Diese reichen weit über die afrikanischen Stammeswelten hinaus und können damit auch europäische Vorstellungen wunderbar bereichern.

Geistersagen und tatsächliche Tote: die Triftsperre Hals

Ein höchst ungewöhnlicher Kriminalfall aus dem Mai 2019 sorgte bundesweit für reißerische Schlagzeilen und für Pressenachfragen bis aus den USA. Schnell war von einem „Armbrustdrama" die Rede, auch „mittelalterliche Rituale" wurden vermutet. Der Vorfall war allerdings auch wirklich spektakulär: Ein Zimmermädchen hatte im „Gasthaus zur Triftsperre" in Passau-Hals drei Leichen gefunden. Dabei lag eine Frau auf dem Boden – mit einem Pfeil im Hals. Auf dem Bett befanden sich dann noch eine weitere stark geschminkte Frau und ein Mann. Sie hatten insgesamt fünf Pfeile in Brust und Hals, abgeschossen aus einer Armbrust. Die Kriminalpolizei Passau übernahm die Ermittlungen und die Beamten vermuteten schnell einen Selbstmord. Die „Inszenierung" blieb allerdings zunächst rätselhaft, auch das Tatwerkzeug.

Wenige Stunden nach dem Vorfall in Passau wurden in der Nähe von Hildesheim in Niedersachsen zwei weitere Leichen entdeckt. Diese zwei Frauen waren durch einen Gift-Cocktail ums Leben gekommen. Auch hier handelte es sich um Selbstmord. Die zuständigen Staatsanwaltschaften und Polizeistationen fanden heraus, dass der in Passau aufgefundene 53-jährige Mann wohl eine Art von „Guru" gewesen war. Nach den ermittelten Erkenntnissen hatte er psychisch labile Frauen um sich geschart und nach seinen Vorstellungen manipuliert.

Die Gruppierung wollte nicht mehr und nicht weniger als eine neue Art von Weltordnung schaffen. Die spektakulären Selbstmorde gehörten augenscheinlich zu dieser Vorstellung. Dass das „Gasthaus zur Triftsperre" in der tatsächlich bizarr anmutenden Umgebung der Ilzschleife in verschiedenen Medien zu einer okkulten Stätte stilisiert wurde, hat allerdings keinen realen Hintergrund. Laut den Ermittlungen waren die drei tot aufgefundenen Personen wohl zufällig über ein Online-Portal auf die Triftsperre in dem abgelegenen Teil des Passauer Stadtteils Hals gestoßen. Sie fuhren vorher ohne festes Ziel im bayerisch-österreichischen Grenzraum herum.

Die Triftsperre

Direkt gegenüber vom Wirtshaus führt ein stabiler Holzsteg zur sagenumwobenen, auch beim wiederholten Besuch geheimnisvoll anmutenden Triftsperre. Man kann hier tatsächlich von einem Geistertunnel sprechen. Wie ein aufgerissenes Maul zieht das in den Felsen gehauene Loch den Blick des Spaziergängers auf sich, also nach unten. Als die „schwarze" Ilz noch ein Transportweg für Holz aus dem Bayerischen Wald war, wollte man sich im Bereich von Hals den zeitraubenden und auch mü-

Die unheimliche „Abkürzung" durch die Ilzschleife.

hevollen Umweg über die zwei Schleifen des Naturflusses sparen. So schlugen die Arbeiter auf Geheiß ihrer Holzbarone von 1827 bis 1831 einen 115 Meter langen Tunnel in den harten Reschensteiner Fels – ein kraftzehrendes Unterfangen. Der Tunnel ist 2,30 Meter hoch und 3,20 Meter breit. In ihm wurden dann die schwimmenden Holzstämme befördert und der Zeitgewinn war beachtlich. Erst mit dem Ende des Zweiten Weltkriegs wurde die Trift an dieser Stelle beendet. Wer heutzutage den Tunnel passieren will, muss sich vorsichtig am Geländer entlanghangeln. Es ist so dunkel, dass sich höchste Konzentration empfiehlt. In der Mitte der Strecke ist nicht einmal mehr der Boden unter den Füßen zu sehen. Wegen dieser unheimlichen Dunkelheit gibt es immer wieder Gerüchte, dass es nachts hier spukt – oder mindestens gespukt haben könnte. Vor vielen Jahren, so wird erzählt, hatte ein Pfarrer beim Stammtisch den kolportierten Schauergeschichten energisch widersprochen. Zum Gegenbeweis ging er um Mitternacht forsch in den Tunnel – und wurde erst am nächsten Morgen gefunden. Angeblich war der Gottesmann dem Wahnsinn verfallen.

Die ermordete Haushaltshilfe

Einen realen Hintergrund hat aber auf jeden Fall die traurige Geschichte der 18-jährigen Haushaltshilfe Hildegard Baumann. Nach den polizeilichen Ermittlungen erreichte das ledige Mädchen in den Kriegswirren des abendlichen 31. März 1944 den Passauer Hauptbahnhof. Hildegard wollte ein paar Tage bei Bekannten im Stadtteil Hals verbringen. Per Postkarte hatte sie ihnen ein paar Tage vor ihrer Ankunft geschrieben, dass sie niemand vom Bahnhof abholen müsse, da sie den Weg kenne. Diese Mitteilung wurde ihr zum Verhängnis. Nach Recherchen der Staatsanwaltschaft Passau soll sie an dem Abend in Begleitung eines Mannes gewesen sein, der ihren Koffer getragen habe. Bei der Grafenleite oberhalb der Ilz haben die beiden nach Zeugenaussagen laut gestritten. Mehr Beachtung wurde dem Vorfall nicht geschenkt. Schließlich ertränkte der Unbekannte die junge Frau und konnte nie identifiziert werden. Der grüne, federgeschmückte Trachtenhut, den der Gewalttäter auf der Flucht verloren hatte, ging genauso wie der Koffer von Hildegard Baumann in den Wirren des Krieges verloren. Oberhalb der Ilz, bei der Grafenleite, erinnert bis heute ein kleines Marterl an diesen ungeklärten und ungesühnten Mordfall.

Tausendfaches Gemetzel: die Bauernschlacht von Aidenbach

Alleine schon das stimmungsvolle Landschaftsbild lässt den Betrachter nicht mehr so schnell los. Fast augenblicklich kehrt Ruhe ein, Nachdenklichkeit, aber auch eine gewisse Unbehaglichkeit. Man könnte auch sagen, dass einem ein leichtes Schaudern über den Rücken zieht. Von mächtig aufragenden Laubbäumen eingerahmt, steht auf dem Handlberg in vierhundert Metern Meereshöhe ein Denkmal, das als Synonym für unbeugsamen Stolz, trotzigen Mut, aber auch für übergroßes Leid und tiefreichende Trauer gelten darf. Ringsherum gibt es nichts als großflächige Felder mit guter Bonität und satte Wiesen, weiter unten liegt der 3000-Einwohner-Ort Aidenbach.

Das Denkmal auf dem Handlberg erinnert an eine überaus grausame und verlustreiche Bauernschlacht im Jahr 1706. Davon weiß auch eine Informationstafel, die neben dem sieben Meter hohen Kruzifix angebracht ist, Rechenschaft abzulegen: „Von mittags bis abends, so berichten die Chronisten, dauerte das Gemetzel, bei dem die flüchtenden Bauern erbarmungslos niedergehauen worden sind. Eine Fußmarschstunde weit bedeckten Leichen die Felder und Wiesen um Aidenbach. Von den ca. 7000 aufständischen Bauern sind weit über 3000 gefallen. Der Großteil davon wurde in Massengräbern auf den Höhen rund um den Markt Aidenbach beerdigt." Und eine andere Quelle vermeldet: „An den folgenden Tagen kam eine Menge von Weibern und älteren Männern aus der umliegenden Gegend, um die Leichen ihrer Männer, Söhne, Brüder und Verwandten auf dem Schlachtfelde aufzusuchen und nach Hause zum Begräbnis zu bringen. Viele wurden auf diese Weise fortgebracht, bei weitem die größere Zahl der Gefallenen wurde aber in großen Gruben auf dem Handelberge, Kleeberge und auf dem Reschenberge sowie in den Gottesäckern zu Aidenbach, Beutelsberg und der Pfarrei Eggelham begraben."

An jedem Platz dieses Landschaftsteils könnten also die sterblichen Überreste eines schnell eingegrabenen Bauern liegen. 318 Freiheitskämpfer sollen allein im engsten Bereich rund um das Denkmal beerdigt sein. Noch heute finden Bauern beim Ackern gelegentlich Überbleibsel der verheerenden Bauernschlacht, so wird immer wieder erzählt. Ein Gang auf dem Feldweg zum Ort hinunter ist schon auch deshalb mit einem gewissen Unbehagen verbunden. Der ansehnliche Markt Aidenbach liegt inmitten einer leicht geschwungenen Hügellandschaft und ist in ein kleines Seitental der Vils eingebettet.

Gegen die Unterdrückung

Die Touristiker nennen das Gebiet „Klosterwinkel" und behängen das Land um Aidenbach, Aldersbach und auch Ortenburg mit dem Attribut „bayerische Toskana". Dichte, gepflegte Wälder sind zu sehen, saftige Streuobstwiesen ohne einengende Zäune und auch immer wieder großzügige, intakt anmutende Bauernhöfe. Womit wieder der Bogen zur Vergangenheit gespannt ist. Ausgelöst durch den Spanischen Erbfolgekrieg kam es an der Wende zum 18. Jahrhundert in Bayern zu einem bitter geführten Volksaufstand. Bayern geriet unter österreichische Herrschaft und vor allem die Bauern fühlten sich geknechtet. Sie lehnten sich empört und leidenschaftlich gegen die so empfundene Zwangsherrschaft auf. Zunächst wurden viele von ihnen im Oberland bei der „Sendlinger Mordweihnacht" niedergemetzelt. Danach wollten die kaiserlich-habsburgischen Truppen endgültig „reinen Tisch" machen. Über Neumarkt und Eggenfelden marschierten sie Richtung Vilshofen. Am 8. Januar 1706 trafen sie bei Aidenbach auf ein mehrere tausend Mann starkes Bauernheer, sozusagen das „letzte Aufgebot". Die wutentbrannten Bauern und andere einfache Leute kämpften verzweifelt gegen ein gut ausgebildetes und professionell aufgestelltes Heer. Die Bauern hatten in dem entsetzlichen Gemetzel nicht den Hauch einer Chance. Als Waffen standen ihnen lediglich Sensen, Spieße, Äxte und Gabeln zur Verfügung. Bald war das Schlachtfeld mit ihrem Blut getränkt. Die kaiserlichen Truppen dagegen hatten nur wenig Verluste zu vermelden. „Gnade ward weder verlangt, noch gegeben" – so heißt es in einem zeitge-

Blutgetränkter Boden rund um das Denkmal auf dem Handlberg über Aidenbach.

mäßen Bericht. Mit der Niederlage von Aidenbach war das Ende des aufständischen Heeres erreicht. Unmittelbar danach kapitulierten auch die Menschen in den Gebieten Schärding und Braunau, schließlich Burghausen. Damit war der Bauernaufstand erfolgreich niedergeschlagen.

Weitere Erinnerungen

Nicht nur mit dem Denkmal auf dem Handlberg, sondern noch an zwei anderen markanten Orten wird der grausamen Geschehnisse gedacht. Hoch über dem benachbarten Beutelsbach steht das eiserne Kreuz mit Christusfigur seit 1933 auf einem Steinsockel. Mehrere Fußwege führen zu dem idyllischen Plätzchen am Waldesrand des Ortes. Und dann gibt es in der Gemeinde Egglham noch das Denkmal „am Reschdobl“. Hier ist ein Pavillon mit einer stilisierten Bauernkämpferfigur erhalten. Schließlich werden seit dem Jahr 1991 alle zwei Jahre die historischen Ereignisse im Rahmen eines Festspiels aufgegriffen. Der Titel: „Lieber bairisch sterben ... Aidenbach 1706“. Mehr als einhundert engagierte Laiendarstellerinnen und -darsteller wollen damit dem heutigen Publikum die Stimmung des damaligen Volksaufstandes vermitteln.

Beispielhafte Gedenkkultur: der ungarische Friedhof in Pocking

1879 kam der erste Zug nach Pocking. Dieser glückliche Umstand prägte entscheidend die weitere Entwicklung der mitten in einer fruchtbaren Heidelandschaft liegenden Gemeinde. Durch die bald folgende Bahnanbindung nach Passau und Simbach gewann der Viehhandel eine zunehmend lukrative Dimension. Die kräftigen Rottaler Warmblutpferde und die ebenfalls geschätzten Rinder aus der Region zwischen Rott und Inn fanden nunmehr über die Landgemeinde Pocking ihren Weg zu überörtlichen Verbrauchern und Züchtern. Pocking entwickelte sich zu einem selbstbewussten Zentrum der Viehzucht. Weitere Bausteine auf diesem Weg waren ein Rinder- und Pferdemarkt sowie ab 1908 eine weithin bekannte Versteigerungshalle. Bis zum Ersten Weltkrieg hatte sich die Einwohnerzahl auf 1400 fast verdoppelt und sogar eine eigene Zeitung versorgte die Bürgerinnen und Bürger mit den neuesten Nachrichten. Nach dem Zweiten Weltkrieg entwickelte sich Pocking zur Einkaufs-, Schul- und Dienstleistungsstadt mit inzwischen 17 000 Einwohnern im niederbayerischen Bäderdreieck Bad Füssing/Bad Griesbach/Bad Birnbach.

Mahnmal KZ-Außenlager

Nach ihrer sogenannten Machtergreifung zeigen auch die Nationalsozialisten Interesse an dem prosperierenden Ort nahe der Grenze zu Österreich – und fast in Sichtweite zu Hitlers Geburtsort Braunau am Inn. In ihrer vollmundigen Art kündigten die Nazis natürlich „Großes“ an. Pocking sollte durch den Bau eines Fliegerhorstes zu einer Garnisonstadt mit herausgehobener Bedeutung aufsteigen. Eingerichtet wurde in der Endphase des

Krieges ein Außenlager des Konzentrationslagers Flossenbürg. Von dort aus wurden etwa vierhundert sogenannte KZ-Arbeitslager beschickt, in denen kleinere Häftlingsgruppen bis zu ihrem physischen Ende härteste Arbeit verrichten mussten. Ein solches Außenlager wurde beim Fliegerhorst in Waldstadt aufgebaut. Am 8. März 1945 wurden bis zu 400 Häftlinge dorthin gebracht.

Wie der ehemalige Pockinger Heimatpfleger Sebastian Kaiser schrieb, waren die Menschen „in einem erbärmlichen Zustand". Das sogenannte Arbeitskommando sollte beim Aufbau neuer Rollbahnen und Abschussrampen für V2-Raketen eingesetzt werden. Gut 100 Häftlinge wurden dabei zu Tode geschunden. Am 2. Mai 1945 konnte das Lager durch einrückende Amerikaner befreit werden. Die Wachmannschaft war längst geflohen und die Häftlinge wurden zunächst in den Krankenhäusern der Umgebung behandelt. Unter ihnen war der Rabbiner Leopold Meisels. Nach seiner Rückkehr aus dem Krankenhaus gründete er die örtliche Jüdische Gemeinde und arbeitete sofort an einem würdigen Andenken an die gequälten Häftlinge des Lagers. Sehr schnell konnten die Arbeiten zu einem Mahnmal beginnen, zeitgemäße Probleme mit knappem Baumaterial wurden entschlossen beseitigt. Entworfen hat das Denkmal der ehemalige KZ-Häftling Adam Perkal, ein gelernter Ingenieur. Die Gedächtnisstätte wurde bereits im Juni 1947 eröffnet. Das Zentrum des Denkmals bildet ein siebzehn Meter hoher Obelisk, dessen gebrochene Spitze auf eindringliche Weise das zerstörte Leben symbolisiert. Eine Plastik zeigt im elektrischen Draht hängende Häftlinge. Ein nach Kriegsende errichteter KZ-Friedhof an dieser Stelle wurde 1957 aufgelöst. Die Toten wurden entweder in ihre Heimat überführt oder bekamen auf dem Ehrenfriedhof von Flossenbürg ihre letzte Ruhestätte.

Der ungarische Friedhof

Nach dem Ende des Zweiten Weltkriegs wurde 1945 auf dem Lagergelände in Pocking auch ein DP (Displaced Persons)-Lager eingerichtet, eine Übergangs-Wohnstätte für verschleppte, ehemalige Zwangsarbeiter aus osteuropäischen Ländern. Mit bis zu 7645 Bewohnern im Jahr 1946 war das Lager Pocking das zweitgrößte DP-Lager in Deutschland nach Bergen-Belsen. Das Übergangslager wurde im Februar 1949 aufgelöst, und indirekt ergab sich daraus ein weiteres Feld für die entschlossene Pockinger Erinnerungskultur. 1953 hatte das bayerische Innenministerium dem Plan des Volksbundes deutscher Kriegsgräberfürsorge zugestimmt, für alle in Südbayern gefallenen Ungarn einen zentralen Gedenkort zu schaffen. Das Vorhaben musste damals noch vom amerikanischen Generalkonsulat genehmigt werden. In Bayern gab es 1500 Ungarngräber in weit über hundert Gemeinden. Der Gemeinderat von Pocking zeigte sich sehr offen in dieser Frage und stellte am Ortsfriedhof ein tausend Quadratmeter großes Gelände bereit. 1955 wurden die ersten Toten eingebettet und später kamen Hunderte von ungarischen Kriegsopfern hinzu. Sie waren aus Behelfsgräbern geborgen worden. 1961 war die Aktion weitgehend beendet, so heißt es in den Annalen.

In guter Nachbarschaft

Der ungarische Friedhof ist auch nach vielen Jahren sorgfältig gepflegt und „nachbarschaftlich“ eingebettet in das Gelände bei einem ruhigen Wohngebiet. Der ungarische Teil gehört wie selbstverständlich zum allgemeinen Pockinger Friedhof. Die Grabanlagen sind sorgsam gepflegt, die Namen der Toten auf den Steinen aufgeführt. Die Aufschrift „Hier ruhen ungarische Soldaten“ auf einem einfachen Erinnerungsstein ist neben der

Der ungarische Friedhof ist selbstverständlicher Teil des Pockinger Ortsfriedhofs.

deutschen auch in ungarischer Sprache aufgeführt. Sie erinnert an Ungarn, die auf deutscher Seite gefallen sind. Insgesamt fanden in dem Ehrenhain 747 Ungarn aus 115 Gemeinden die endgültige Ruhe, darunter sind auch 32 Frauen und 56 Kinder. Zwischen den Gräbern sind auch kleinere ungarische Fahnen zu sehen: Rot-weiß-grün in Niederbayern, eine freundschaftliche Geste.

Kraftort im Felsen: die Einsiedelei Klösterl

Das Naturschauspiel „Weltenburger Enge mit Donaudurchbruch“ wurde 1978 erstmals mit dem Europadiplom ausgezeichnet. Die Fakten für diese Entscheidung sind beeindruckend: vor 200 000 Jahren grub sich hier im Nordwesten von Niederbayern die Urdonau durch das Kalkgestein und formte auf mehreren Kilometern das spätere Flussbett des europäischen Flusses aus. Dieses wildromantische Donautal ist gesäumt von bis zu siebzig Meter hohen Felsen und wird meist von Fahrgastschiffen aus auf dem Weg zum Kloster Weltenburg bestaunt. Daneben gibt aber noch einen Fußweg, der von der Schiffsanlegestelle Kelheim-Fischerdörfl flussaufwärts in etwa zwanzig Minuten durch ein Naturschutzgebiet zu dem wahrhaft mystischen „Klösterl“ führt.

Das Bruderloch

Die erhaltende Klosteranlage war anfangs eine Klause, die 1454 von dem Eremiten Antonius a septem castris, einem Drittordensmitglied des Franziskanerordens zu Ehren des Heiligen Nikolaus, des Schifferpatrons, errichtet wurde. Noch heute ist eine Nikolaus-Statue in einer Felsennische zu sehen. Sie hat allerdings ihre Arme verloren. Alsbald gesellten sich dem Eremiten mehrere Waldbrüder hinzu. Durch die Unterstützung des wohlmeinenden Landshuter Herzogs Albrecht III., bekannt auch durch die „Landshuter Hochzeit“ sowie verschiedene Vermächtnisse, konnte Bruder Anton bald ein größeres Gebäude errichten, die eigenwillige Kirche erbauen und die gesamte Klosteranlage mit einer Klostermauer umschließen. Letztlich wurde die päpstliche Genehmigung zur Errichtung eines Klosters 1457 durch Papst Pius II. erteilt. Das war der Anfang des Klösterl,

auch genannt „Bruderloch“ im Traunthal, als Gründungskloster des Franziskaner-Ordens in Kelheim.
Doch es kann der Frömmste nicht in Frieden leben … Der Eremit Antonius musste nach wenigen Jahren des einsamen Daseins die Klause an die Franziskaner in Würzburg abtreten. Frustriert – wie man heute sagen würde – kaufte er sich bald danach Pferd und Rüstung und wollte gegen die Türken kämpfen. Auf der Rückreise seiner Wanderung überfielen ihn aber sechs Räuber und töteten ihn um das Jahr 1458 herum. Zu dieser Zeit ging das „Bruderloch“ zunächst an eine Laien-Ordensgemeinschaft, später vollständig und offiziell an die Franziskaner. Bis zur Säkularisation 1802/1803 blieb das Klösterl im Besitz der Franziskaner, danach fiel es an den Staat. Der Richter und Notar Ritter von Wels erstand die Liegenschaft und machte daraus einen Ausflugsort mit Sommerfrische. Aus der Kirche wurde ein Keller, die Eremitenzelle in eine Schenke umgebaut. Heute gehört das Klösterl der historisch interessierten Familie Reimann. Die Anlage wird als offenes Denkmal geführt und auch als gut besuchter Gaststättenbetrieb mit Biergarten als Sommerfrische genutzt.

Die Kirche ohne Dach

Das „Klösterl” ist europaweit die einzige Felsenkirche mit einem natürlichen Dach. Sie befindet sich in einer Halbhöhle, davor wurde eine schützende Mauer fast bis zum Felsen erstellt. Hier ist auch der Eingang zur Felsenkirche und den dahinterliegenden Wohnhöhlen der Einsiedelei. Beim Betreten ist man erst einmal tief beeindruckt von der einzigartigen, mystischen Atmosphäre. Diese Felsenkirche wird von manchen Besuchern sogar als „Kraftort“ mit beruhigender, das Bewusstsein erweiternder Wirkung empfunden. Ein Bekannter versicherte mir glaubhaft, dass ihn bei Besuchen des Raumes ein angenehmes Gefühl

Die Felsenkirche Klösterl wird auch als geheimnisvoller „Kraftort" aufgesucht.

„durchströmt". In der Felsenkirche finden immer wieder Gottesdienste und Trauungen statt. Auf jeden Fall ist die Einfachheit des Kirchenraumes mit den uralten Holzbänken ein wunderbarer Kontrast zum täglichen Erleben.

Von der Empore aus konnten die Mönche am Gottesdienst teilnehmen. 1455 wurden von mehreren Bischöfen Ablässe für die Besucher des Kirchleins gestiftet. Fresken an der Begrenzungswand der Felsenkirche zeigen biblische Szenen wie etwa die Kreuzigung Jesu oder Maria Verkündigung. Bei Umbaumaßnahmen im Jahr 1889 kamen unter dem Kirchenboden auch zwei Mönchsgräber und ein jungsteinzeitliches Körpergrab in Höckerstellung zum Vorschein. Dies könnte auf eine frühe Beerdigungsstätte hindeuten.

Der „Goldofen“ und die jüdischen Grabsteine

Die nördlichste Höhle im Klosterareal ist der „Goldofen“. Reste einer Balkenlochkonstruktion an der Südseite der Höhlenwand lassen Fachleute vermuten, dass hier in einem Holzgebäude ein Alchemist wohnte und versucht hat, Gold herzustellen. Treppen führen über einen Zugang zu einem ehemaligen Kalvarienberg (Kreuzigungsgruppe) oberhalb der Höhle „Goldofen“. Dies belegen laut Fachleuten die in den Stein gehauenen Treppenstufen. Reste eines Suchstollens – vermutlich für Gold – sind ebenfalls erhalten geblieben. Daher stammt auch der Name „Goldofen“. Möglich ist aber auch, dass es sich um eine Grabstätte handelte. Schließlich sind an der Außenseite der Anlage ein jüdischer und ein weltlicher Grabstein in die Klostermauer eingelassen. Beide Grabsteine sollen aus dem jüdischen Friedhof von Regensburg stammen. Dieser war beim schrecklichen Pogrom von 1519 zerstört worden.

Wohnung des ältesten Bayern: die Klausenhöhlen Essing

Die Situation ruht vollkommen in sich selbst und fordert Besucherinnen und Besuchern mindestens einen Anflug von Ehrfurcht und Bescheidenheit ab. Zu sehen sind – allerdings erst auf den zweiten Blick – vier zusammengehörige, urzeitliche Höhlen und ein Felsendach am Hang eines dunklen Buchenwaldes. Man empfindet eine bisher nicht gekannte Nähe zur ausgestorbenen Neandertaler-Verwandtschaft, und es flößt schon Respekt ein, dass hier das Skelett des ältesten Bayern gefunden wurde. Ein Ausflug in die graue Vorzeit kann wirklich spannend sein!
Der Ort Essing ist malerisch an steile Kalkfelsen gelehnt und profitiert seit einigen Jahren stark vom Tourismus rund um den Main-Donau-Kanal. Von hier aus führt der Fußweg zu den Klausenhöhlen zunächst über die fast zweihundert Meter lange, ästhetisch geschwungene Holzbrücke mit der Bezeichnung Tatzlwurm. Sie ist übrigens die längste Holzbrücke Europas. Danach sind es auf der linken Seite wenige hundert Meter bis zum bereits erwähnten Buchenwald. An dieser Stelle ist es sehr hilfreich, wenn ein Fachmann wie Bernd Sorcan vom Archäologischen Museum der Stadt Kelheim und Leiter des Archäologieparks dabei ist. Nach seinen Worten begann die nachgewiesene Besiedlungsgeschichte der Naturlandschaft Altmühltal mitten in der Würm-Eiszeit – also vor 80 000 Jahren. Noch ältere Daten gibt es kaum, weil bis vor 200 000 Jahren die Donau durch das Untere Altmühltal floss und sich damit in den Höhlen keine älteren Rückstände ablagern konnten.
In der Würm-Eiszeit gibt es aber erste Hinweise auf Menschen, die sich in den Höhlen oder unter Felsschutzdächern, den sogenannten Abris, im Unteren Altmühltal um Essing aufgehalten ha-

ben. Wichtig war für die Jäger und Sammler neben dem freundlichen Klima und dem Schutz der Höhlen auch die gute Aussicht über das Flusstal und der „Blickkontakt“ zu den Nachbarn in den Sesselfelsgrotten gegenüber. Man konnte sich gegenseitig zum Beispiel über jagdbares Mammut und Ren informieren. Die bewegungsaktiven Urmenschen hatten großen Hunger und brauchten zum Überleben hauptsächlich Fleisch in großen Mengen. Aber auch Fische, Muscheln, Schnecken und pflanzliche Kost wanderte in ihre Mägen, so der Archäologe Sorcan. Das eisfreie Altmühltal war ein günstiges Jagdrevier für unsere menschlichen Vorfahren.

Die Wohnungen im Höhlenhochhaus

Wer auf die Klausenhöhlen zugeht, bemerkt die einzelnen Höhlen erst bei genauerem Hinsehen. Die über dreihundert Meter lange Karsthöhle besteht aus mehreren dicht beieinander lie-

In der Unteren Klausenhöhle war im 19. Jahrhundert kurzzeitig ein Bierkeller eingerichtet.

genden Felsnischen auf vier unterschiedlichen Niveaus. Modern ausgedrückt könnte man von Etagenwohnungen sprechen. Die Höhlen werden von unten nach oben in die Untere Klause, die Klausennische sowie die Mittlere und die Obere Klause und die von den eiszeitlichen Menschen ungenutzte Westliche Klause unterschieden. Von der Mittleren zur Oberen Klause gibt es einen Verbindungsgang, den sogenannten Kamin. Um 1860 wurde die Stille gestört, weil in der Unteren Klause von einer Brauereifamilie ein Bierkeller eingerichtet wurde. Dazu erweiterte und planierte man auch den Vorplatz. Die darüberliegende Klausennische wurde zum Ausschank umfunktioniert. Die Erforschung des Naturdenkmals ging aber unvermindert weiter. Bis auf die Untere Klause fand man in den anderen Höhlen Werkzeug und Geräte aus alt-, mittel- und jungsteinzeitlichen Epochen. Die Funde aus der Klausennische – zum Beispiel ein Milchschneidezahn – gelten heute als frühe Belege für den Neandertaler. In der Mittleren Klause konnten die Archäologen Knochenspitzen sowie einen mit Phantasiewesen geschmückten Lochstab aus Rentiergeweih bergen. Eine Kalksteinplatte mit Ritzlinien eines Wildpferdes dokumentiert ebenfalls erste Kunsterzeugnisse. Durch diese Funde hat sich unser Bild über den steinzeitlichen Menschen und seine Fähigkeiten weiterentwickelt, die Sicht auf diese Vorzeit konnte klarer werden.

Der älteste Tote Bayerns

Am 4. Oktober 1913 fanden Archäologen das 18 000 Jahre alte, relativ vollständige Skelett eines anatomisch modernen Homo Sapiens. Der zum Todeszeitpunkt etwa 30–40 Jahre alte Mann war in eine dichte Rötelpackung eingebettet und vom Becken abwärts in gestreckter Rückenlage bestattet. Aus den detaillierten Aufzeichnungen geht hervor, dass der Rumpf mit dem Kopf im Süden auf die linke Seite gedreht war. Der linke Arm war an den Körper angelegt, während der rechte Unterarm angewinkelt über dem Becken lag. Diese Vorstellung macht den Besuch der Klausenhöhlen schon sehr speziell – auch nach so langer Zeit. Womit wir wieder zur anfangs zitierten Ehrfurcht kämen. Die Klausenhöhlen gehören nach wie vor einer Brauerfamilie in Essing. Als Teil des Archäologieparks Altmühltal sind sie aber frei zugänglich, allerdings auf eigene Gefahr. Einzige Einschränkung ist der Fledermausschutz mit einem Betretungsverbot von Oktober bis Ostern. Mit Stirnrunzeln sieht der Archäologe Bernd Sorcan allerdings, dass sich im Bereich um die Klausenhöhlen manch ein Besucher nicht angemessen benimmt. Seiner Bitte um entsprechende Mäßigung sollte angesichts dieses eindrucksvollen Denkmals aus Urzeiten ernsthaft entsprochen werden.

Unheimliches Naturschutzgebiet: das Sippenauer Moor

Die Generation der Seniorinnen und Senioren erinnert sich bestimmt noch an das leichte Schaudern, das sich in den Wohnzimmern der 1960er-Jahre mit den Fernsehkrimis von Edgar Wallace verband: reißerische Filmmusik, hastige Schritte in finsterer Nacht, aufgerissene Augen, blubbern und unaufhaltsames Versinken im Moor – der Mörder von Blackmoor hatte wieder zugeschlagen. Auch mir sind Moorgebiete immer noch etwas unheimlich. Damit gleich zur Frage, wie gefährlich die finsteren Sümpfe tatsächlich sind? Moore sind weder Land noch Wasser, ihr Boden ist weich und immer wieder gibt es Löcher im Morast. Ein Mensch kann darin zwar einsinken, aber nicht untergehen. Gut also – und trotzdem: wenn ein Körper steckenbleibt und sich nicht mehr befreien kann, ist nach einiger Zeit die Unterkühlung tödlich. Soweit bekannt, ist dies im Sippenauer Moor bei Saal an der Donau noch

Im Sippenauer Moor ist gutes Schuhwerk angesagt. Die Belohnung ist „Natur pur".

nicht geschehen. Bleiben wir trotzdem vorsichtig. Jedenfalls riechen die stellenweise auftretenden Schwefelquellen etwas unangenehm. Daher kommt auch der Name des Naturschutzgebietes – „sippen“ bedeutet „stinken“ oder „faulig riechen“. Das Sippenauer Moor liegt in einer südlich der Donau gelegenen Exklave des Naturraumes Frankenjura. Der Talgrund, der ursprünglich von der Donau angelegt wurde, wird jetzt durch den Feckinger Bach in Richtung Donau durchflossen.

Ein Gang durch das Moor

An einem kleinen Parkplatz kurz vor Oberfecking weist eine Texttafel den Eingang zu einem schmalen Waldweg. Festes Schuhwerk empfiehlt sich hier zu jeder Jahreszeit – besonders natürlich an regnerischen Tagen. Das Biotop gliedert sich nach den Erläuterungen auf der Tafel in die sogenannte Altfläche von etwa 1,35 ha im Nordwesten des Moores mit Torfkörpern vom Ende der letzten Eiszeit und die jüngeren Flächen von fast 16 Hektar, die von hereingewehten Löss-Sedimenten geprägt sind. Das Sippenauer Moor ist das einzige Durchströmungsmoor in Bayern, das von schwefelhaltigem Wasser bestimmt ist. Woher der Schwefel stammt, ist unter Geologen und Hydrologen umstritten. Wegen des langen Weges vom Süden her, den das Karstwasser genommen hat, bevor es im Sippenauer Moor austritt, ist eine Herkunft des Schwefels aus dem entfernteren Alpenvorland möglich.

Bereits im Hochmittelalter – also vom 11. bis 13. Jahrhundert – wurde das Moorgebiet besiedelt. Dies können die Wissenschaftler aus nachvollziehbaren Wällen und Gräben ableiten, auch von Hinweisen auf uralte Burgreste. Sehr interessant und weitgehend nicht mehr im öffentlichen Bewusstsein sind Pläne vom Beginn des 20. Jahrhunderts, die Schwefelquellen des Moores für ein Kurbad zu nutzen. Dadurch hätte sich der Grundwasserspiegel gesenkt und das Moor wäre ausgetrocknet. Die Gefahr wurde erkannt, und entschlossen trat die Regensburgische Botanische Gesellschaft diesem Vorhaben entgegen. Die frühen Naturschützer begannen 1911 mit dem Aufkauf von Flächen. Bis 2003 konnte das Eigentum der Gesellschaft nach und nach wesentlich erweitert werden. Die erworbenen Grundstücke umfassen eine Fläche von 15,9 ha. Das Sippenauer Moor ist seit Februar 1939 Naturschutzgebiet und 2004 wurden die Schwefelquellen in der Broschüre „Geotope in Bayern" als „besonders wertvoll" ausgezeichnet. Sie gehören damit – wie das Moor insgesamt – zu den 100 wertvollsten Geotopen Bayerns.

Flora und Fauna

Das Sippenauer Moor bietet zahlreichen seltenen, zum Teil nur hier vorkommenden Arten einen geschützten Lebensraum. So ist die Mehlprimel eine typische Art der kalkreichen Niedermoore. Sie ist wegen der allgemein fortschreitenden Zerstörung ihrer angestammten Bereiche als gefährdete Art anzusehen. Auch die in Bayern vom Aussterben bedrohte „Gestreifte Quelljungfer" hat hier einen ihrer seltenen Plätze. Die Larven dieser Libellenart leben bis zu fünf Jahre räuberisch in Quellbereichen und kleinen Fließgewässern, bevor sie als flugfähige Libellen schlüpfen. Der beim Landratsamt Kelheim angesiedelte VöF überwacht und pflegt das Naturschutzgebiet Sippenauer Moor und die daran angrenzenden Grundstücke. Diese Maßnahmen umfassen das schonende Mähen der Moorflächen, die Entfernung jüngerer Fichtenaufforstungen sowie andere waldbauliche Notwendigkeiten. Der Verein appelliert nicht zuletzt auch noch an die Besucherinnen und Besucher: „Ihr Beitrag zum Schutz des Sippenauer Moors ist die Beachtung des Wegegebots und des Verbotes, Pflanzen zu pflücken oder auszugraben."

Am Anfang war das Feuer: der Bayerische Hornstein nahe Abensberg

Wie beschreibt man „nichts"? Etwas ratlos stehe ich zwei Kilometer südwestlich von Arnhofen am Rande eines Waldes. Je nach Jahreszeit mag das Vogelgezwitscher mehr oder weniger intensiv sein. Ansonsten ist die Ruhe hier noch lautloser als anderswo und nichts weist darauf hin, dass in diesem Bereich eines der größten europäischen Feuerstein-Bergwerke eine frühe „Wirtschaftsblüte" ermöglichte. Diesen Rückschluss erlauben archäologische Grabungen aus den 1980er-Jahren. Zugegeben: Der Abbau von Feuerstein ist schon einige tausend Jahre her. Trotzdem würde man noch gerne Spuren in diesem Bereich des heutigen Landkreises Kelheim sehen. Es gibt aber lediglich ein paar unscheinbare Vertiefungen, die man allerdings sehr gezielt suchen muss.

Deswegen sind Erläuterungen des Kreisarchäologen Joachim Zuber umso wichtiger. Das Feuersteinbergwerk von Abensberg-Arnhofen ist demnach eine Anlage aus der Jungsteinzeit. Hier wurde zweieinhalbtausend Jahre lang – zwischen 5500 und 3000 vor Christus – auf einer Fläche von über 50 Hektar der begehrte Bayerische Hornstein in Plattenform abgebaut. Da dieser Rohstoff unter Kies- und Sandschichten lag, mussten bergmännische Abbauverfahren angewendet werden. Deshalb lassen sich in Arnhofen Spuren des sogenannten Duckelbaus nachweisen. Das bedeutet, dass sechs bis acht Meter tiefe und rund zwei Meter breite, senkrechte Schächte abgeteuft wurden. Dass bisher kein eingestürzter Holzraum entdeckt wurde, liegt nach Meinung von Experten wohl daran, dass die frühen Bergarbeiter den Aushub eines neuen Schachtes sofort wieder in einen alten hineinfüllten. Deswegen gab es auch nur wenige

Schächte, die gleichzeitig offenstanden. Die Bergleute waren wohl sehr ordentlich und umsichtig – so könnte man meinen.

Das Feuer

Für die Entwicklung des Menschen im Laufe der Evolution war das Feuer von herausragender Bedeutung. Es bot zugleich Wärme, Licht und Schutz vor Raubtieren. Als der Homo Sapiens vor 12 000 Jahren sesshaft geworden war, beherrschte er bereits sehr lange das Feuerschlagen mit Zündstein, Schwefelkies und Zunderschwamm. Den Feuerstein brauchte er aber zunehmend auch als Rohmaterial für immer wichtigere Gebrauchsgegenstände des alltäglichen und des kriegerischen Lebens.
Hergestellt wurden mit dem sehr harten Hornstein alle Arten von schneidenden und stechenden Geräten oder Pfeilspitzen für die frühzeitliche Jagd auf Mammuts oder Bisons. Der Mensch konnte damit den täglichen Überlebenskampf effektiver organisieren. Das qualitativ sehr gute und wohl ausgedehnteste Feuersteinvorkommen Mitteleuropas fand sich in Arnhofen. Hier wurde dann folglich der begehrte Bayerische Hornstein abgebaut. Dieser graugebänderte Stein mit den typisch rötlichen Streifen taucht in Siedlungen des 6. Jahrtausends auf.

Geschichtliche Spuren

Entdeckt wurde das Bergwerk in den 1980er-Jahren, kurz danach begannen erste wissenschaftliche Grabungen des Bayerischen Landesamtes für Denkmalpflege. Bislang wurden nach den Worten das Archäologen Joachim Zuber in Arnhofen sechshundert Abbauschächte ausgegraben und zahlreiche weitere dokumentiert. Das gesamte Abbauareal könnte nach Schätzungen einst bis zu 200 000 Schächte umfasst haben. Jeder dieser runden Schächte erschloss durchschnittlich elf

Der Feuerstein wurde aus runden Schächten erschlossen. In den 1980er-Jahren erfolgten umfangreiche Ausgrabungen.

Kilogramm des „gebänderten Jurahornsteins". Besonders die sehr engen Schächte mit Durchmessern unter einem Meter sind nur mit dem Einsatz von Kindern im Schachtbau denkbar, so meinen die Wissenschaftler. Im Umkreis von acht Kilometern zum Bergwerk lagen mehrere Bergarbeitersiedlungen. Man kann also auch dadurch eine sehr frühe Arbeitsteilung feststellen. Diese Spezialisierungstechnik wurde später auf die meisten Lebensbereiche übertragen und sicherte den allgemeinen Fortschritt.

Überregionaler Export

Die Arnhofener Bergarbeiter und Steinschmiede produzierten weit über ihren Eigenbedarf hinaus. Sie bauten ein bis zu vierhundert Kilometer weit reichendes Handelsnetz auf, das auch weit entfernte Gebiete in Thüringen und Niedersachsen erreichte. Die Hauptabnehmer der Jurahornsteine saßen aber im heutigen Böhmen. Die dortigen Geschäftspartner importierten bis zu zwei Drittel ihres einschlägigen Bedarfs aus Arnhofen. Zur Beförderung gab es sogar eine eigene Feuersteinstraße zwischen Bayern und Böhmen. Ein aufschlussreicher Querschnitt durch einen typischen Bergwerksschacht kann im Stadtmuseum Abensberg besichtigt werden. Dort gibt es auch Erläuterungen zur eindrucksvollen Geschichte des uralten Feuersteinabbaus in Arnhofen.

Kaum zu glauben: das Naturdenkmal „Wachsender Fels“ in Usterling

Auch auf den zweiten Blick und nach wiederholtem Hinhören fühlt man sich schon etwas veralbert. Die Antwort: „Glauben sie es doch endlich – dieser Felsen wächst tatsächlich!“ ist ja auch nicht leicht zu verdauen. Zumindest wenn man die herkömmlichen Maßstäbe der Materie Stein anlegt. Wie kann ein vierzig Meter langer und fünf Meter hoher Stein seit Jahrtausenden wachsen und dies voraussichtlich auch weiterhin jährlich um zwei bis drei Zentimeter? Fest steht jedenfalls: Der „Wachsende Fels“ von Usterling ist kein Naturwunder, sondern ein Naturdenkmal. Dies definiert höchst amtsverbindlich das Bayerische Landesamt für Umwelt. Es hat nach strengen Überprüfungen die Steinrinne als Geotop ausgewiesen und im Jahr 2002 mit dem offiziellen Gütesiegel „Bayerns schönstes Geotop“ ausgezeichnet. Vier Jahre später – im Jahr 2006 – erfolgte dann der Ritterschlag: die Aufnahme in die Liste der 77 ausgezeichneten Nationalen Geotope

Die vierzig Meter lange Steinrinne wächst jährlich um einige Millimeter.

Deutschlands. Damit sollen mögliche Kandidaten zur Aufnahme in das UNESCO-Welterbe identifiziert werden – bedeutender geht es zunächst nicht mehr.

Der sagenhafte Fels

Das hoch über der Isar liegende, gut versteckte Dorf Usterling ist seit der Eingemeindung von 1978 ein Ortsteil von Landau an der Isar. Die nicht ganz hundert Einwohner konnten sich aber den angestammten dörflichen Charakter bewahren. Sie haben es sich – so scheint es bei einem Rundgang – in den etwa zwanzig Häusern ruhig eingerichtet. Hier mag die nervöse Umwelt schon mal draußen bleiben. Die Dorfkirche St. Johannes ist der natürliche Mittelpunkt des Ortes und wenn sie geöffnet ist, kann man darin auf einem spätgotischen Flügelaltar die älteste Darstellung des sagenumrankten Felsens sehen. Der etwas freche

Kunstgriff dabei: Die Taufe Jesu verlegte der Maler kurzerhand vom Fluss Jordan im Nahen Osten an den Usterlinger Felsen in Niederbayern. Diese Darstellung aus dem 15. Jahrhundert soll naturgetreu sein. So wie abgebildet, habe der Felsen damals ausgesehen. Der „Wachsende Fels“ war schon vor ewigen Zeiten eine Attraktion. Unter seiner Schutzherrschaft wurden bereits in frühchristlicher Zeit Taufen abgehalten und allmählich entwickelte sich Usterling zu einem gern aufgesuchten Wallfahrtsort. Bezeugt wird dies von einer Kapelle mit der Statue Johannes des Täufers am Einstieg zum Felsen. Vorher sind es zwei Minuten Gehweg von einem kleinen Waldparkplatz aus. Dem aus dem Felsen rinnenden Wasser wird heilende Wirkung für die Augen nachgesagt. Noch heute waschen sich die Menschen der Umgebung ihre Augen am Johannistag (24. Juni) mit dem Quellwasser.

Millimeter für Millimeter

Damit aber jetzt endlich zur Lösung des Rätsels: Warum wächst der etwa fünftausend Jahre alte Felsen? Steinerne Rinnen können an kleinen, stark kalkhaltigen Quellen aus Kalktuffablagerungen entstehen. Es tritt kalkreiches Grundwasser gleichmäßig an der Oberfläche aus. Weil Moose und Algen dem Wasser zusätzlich Kohlendioxid entziehen, setzen sich Kalkkrusten ab. Die Moose wollen aber immer wieder aus dieser Situation „hinausgreifen“, sie suchen das Licht. Extrem langsam zwar, aber unerbittlich beharrlich wird durch diese Wechselbeziehung von Pflanzen und Kalkausfüllung ein wachsender Damm aufgebaut. Auf dessen Scheitel fließt dann der Bergbach als Rinnsal dahin. Hier kann man nachvollziehen, was Geduld und Beharrlichkeit bedeuten können! In Usterling ist die steinerne Rinne bis heute auf vierzig Meter Länge und fünf Meter Höhe angewachsen.

Sie ist damit die größte einschlägige geologische Erscheinung in Süddeutschland, manche sagen sogar in ganz Deutschland. Der geheimnisvoll verzauberte Gesamteindruck in dem Wald bei Usterling wird verstärkt durch das rundum wuchernde Moos. Es wirkt an den meisten Stellen des Felsens wie eine gern angenommene grünlich überzogene Schutzhülle. Zur obersten Stelle des Naturschauspiels hinauf führt eine stabile Gehhilfe. Sie besteht aus breiten Holztreppen, die neben dem Felsen in den Anstieg eingebaut sind. Diese Treppen und das zugehörige Geländer sind vor allem dann nötig, wenn es nass oder rutschig ist. Trotzdem empfiehlt sich immer wieder ein kurzer Halt für einen Moment des Staunens. Der unmerklich ablaufende Bergbach lässt sich aus allernächster Nähe beobachten und damit auch als Naturschauspiel besser begreifen. Selten darf man „so nahe dran“ sein an einem jahrtausendealten Phänomen.

Wie wird die Rinne geschützt?

Über viele Generationen hatte der Messdiener der Kirche in Usterling dafür gesorgt, dass die Rinne von Laub und Erde frei blieb. Im Winter wird das Wasser umgeleitet, damit es keine Schäden durch Frosteinwirkung gibt. Vor einigen Jahren hat diese Arbeiten die Naturschutzwacht des Landkreises Dingolfing-Landau übernommen. Denn eines steht fest: Wenn auch die Entstehung der Rinne geologische Gründe hat, so ist ihr heutiges Aussehen auch der Mithilfe des Menschen zu verdanken. Ohne die erhaltende Tätigkeit und die behutsamen baulichen Eingriffe wäre der „Johannisfelsen“ längst verfallen.

Landleben ohne Menschen: das verschwundene Dorf Thomasbach

Großräumige Felder, leichte Hügel in der Landschaft, drei ungewöhnlich nah zusammenstehende Jägersitze, ungestörte Ruhe. Sonst gibt es nur noch einen alten Kirchenbau und ein hölzernes Bauernhaus. Bei Nebel mag es hier durchaus unheimlich sein. Man stelle sich das Knarzen von wurmstichigen Holztüren vor, einen durchs Gebälk pfeifenden Wind, den Ruf eines Käuzchens aus einem nahen Baum.

Wir stehen in einer waldumsäumten Mulde, etwas abseits der Verbindung von Kammern nach Exing in der Gemeinde Eichendorf. In früheren Zeiten führte hier eine wichtige Salzhandelsstraße vorbei und brachte den Menschen entlang der Route vernünftige Einnahmen. Heute gibt es nur noch besagte Kirche und in Rufweite das Holzhaus – sonst nichts. Die spätgotische Kirche von Thomasbach, ein geschlämmter Backsteinbau auf einem aufgeschütteten Hügel, wurde in der zweiten Hälfte des 15. Jahrhunderts gebaut. Die Mauern des Langhauses stammen vielleicht noch von einem romanischen Vorgängerbau. Der heutige Kirchturm wurde 1710 westlich angefügt, die Pflasterung 1739 erneuert, das schützende Dach ist relativ neu. Dies alles weiß der Kreisarchivpfleger und Landauer Stadtarchivar Manfred Niedl. Heute trifft man in diesem Ausschnitt des reizvollen Vilstals auf eine Wüstung, einen abgesiedelten Ort. Die einst prächtige Wallfahrtskirche St. Veit verfällt zusehends. Ungezähmter Bewuchs hat sich breit gemacht, das direkte Kirchenumfeld ist abweisend geworden und nur umständlich zugänglich. Zudem liegen bei unserem Besuch ein paar Flaschenüberreste und Papiertüten einer kleinen Feier herum. Das müsste wirklich nicht sein, denkt der Beobachter achselzuckend.

Man scheut sich fast, an der Türe des schutzlosen Kirchenraums zu rütteln – der Eingang ist aber ohnehin mit dem Hinweis „Eintritt verboten" verriegelt. Es gäbe auch nicht viel zu sehen, denn der Innenraum ist weitgehend leer. Der frühere Hochaltar mit der Marter des heiligen Veit und der zugehörige rechte Seitenaltar wurden 1891 in das Nachbardorf Kammern übertragen. Der jetzige linke Seitenaltar ist eine neuere Ergänzung, die alte, hölzerne Empore in der Kirche von Thomasbach ist noch in Takt. Das war es dann aber auch mit früherer Herrlichkeit. Wie Archivar Niedl in einem detaillierten Aufsatz schreibt, handelte es sich bei St. Veit ursprünglich um eine adelige Eigenkirche. Anfangs war hier Niederaltreicher Klostergrund, danach folgten adelige Grundherren. Bis 1875/76 stand östlich der Kirche der Dreiseithof des Thomasbeck-Bauern.

Blütezeit mit der Wallfahrt

Ein größerer Friedhof sowie archäologische Spuren etlicher hölzerner Wohnhäuser deuten auf einen ansehnlichen Ort hin, auch eine wiederentdeckte Umfassungsmauer passt in dieses Bild aus dem 14. Jahrhundert.

Der Reichtum der Thomasbacher Kirche beruhte auf einer Wallfahrt. Diese lässt sich 1601 erstmals belegen. Kirchenpatron St. Veit war als einer der Vierzehn Nothelfer höchst populär. Angerufen wurde er vor allem gegen Leiden wie die Epilepsie. Nach den Quellen zählte die örtliche Kirche zu den reichsten Kirchenstiftungen im Bereich des Pfleggerichts Landau. Die Kirchenrechnungen von 1650 zeigen, dass die Kirchenstiftung Kredite von 2545 Gulden an Privatpersonen vergeben konnte – das war eine überaus ansehnliche Summe. Den Wohlstand aus der Zeit vor dem Dreißigjährigen Krieg erreichte die Pfarrstiftung von Thomasbach später nicht mehr.

Allein auf weiter Flur stehen die Überreste des Dorfes Thomasbach.

Wie das Entstehen ist auch das Ende der Wallfahrt in Thomasbach bisher nicht geklärt. Es ist laut Archivar Niedl vorstellbar, dass die Thomasbacher Wallfahrt obrigkeitlichen Maßnahmen zum Opfer fiel. Im 18. Und 19. Jahrhundert wurden solche volkstümlichen Frömmigkeitsformen jedenfalls nicht mehr so gerne gesehen. Seit 1913 ist in Thomasbach kein regelmäßiger Gottesdienst mehr verzeichnet. In den Wirren des Zweiten Weltkriegs und der Nachkriegszeit war das Gotteshaus, so heißt es in einem Bericht des Bayerischen Landesamts für Denkmalpflege vom März 1946, „jedem mutwilligen oder räuberischen Zugriff preisgegeben". Auf den umliegenden Wiesen sollen Hirten ihr Vieh geweidet haben und mehrfach Einrichtungsgegenstände wie Betstühle aus der Kirche herausgebrochen haben. Hin und wieder wurde damit wohl auch Feuer angemacht. Schließlich ließ der Pfarrer die noch verbliebenen Einrichtungsgegenstände nach Kammern schaffen.

Das Söldenhaus

Nicht weit entfernt von der Kirche stehen heute noch die Reste eines verlassenen Bauernhofes. Die Türen sind offen, ein alter Herd und die Reste eines Bettes liegen durcheinander in den zugigen Räumen. Von den Wänden blättert schon lange der Putz, das Haus verfällt. Auch hier wird wohl die eine oder andere Party gefeiert, das lässt sich an den entsprechenden Spuren nachvollziehen. Das denkmalgeschützte Haus eines Kleinbauern ist ein Blockbau aus der Mitte des 19. Jahrhunderts. Der gemauerte Stall wurde 1881 angebaut, der hölzerne Stadl um 1865 aufgezimmert. Die älteste Erwähnung dieses Anwesens stammt von 1599. Wie Archivar Niedl bei seinen Recherchen herausfand, wurde das umliegende Anwesen um 1874/75 zerschlagen. Vielleicht fand sich damals kein Bauer, der den Hof vollständig übernehmen und weiterführen konnte? Die verbliebene Sölde wurde 1962 verlassen. Das Grundstück drumherum gehört heute den Schlossbesitzern von Wildthurn.

Der Himmel über dem Planetarium: die Sternwarte Winzer

Die furchtlosen Krieger aus dem unbesiegbaren gallischen Dorf hatten nur eine einzige Angst: Es möge ihnen der Himmel nicht auf den Kopf fallen. Die Männer um ihren schlauen Anführer Asterix spürten also mindestens ein Unbehagen, wenn sie zu den unbegreiflichen Weiten dort oben schauten. Dort war etwas unheimlich Fremdes, etwas, das man nicht anfassen und verstehen konnte. Trotz aller wissenschaftlichen Erkenntnisse, die seit der Römerzeit gewonnen wurden: Der Blick zum nächtlichen Sternenhimmel spiegelt immer noch grundlegende Fragen der Menschheit wider. Es geht dabei um die Sehnsucht nach einem tieferen Verständnis des eigenen Lebens, nach einer Einordnung des irdischen Daseins in die unendliche Weite des Weltalls.

Dabei mögen Religionen eine Rolle spielen, wissenschaftliche Erkenntnisse und Berechnungen dazukommen, oder es ist einfach nichts anderes als schlichtes Staunen über das Unvorstellbare.

Bei günstigen Umständen sind von der Erde aus 3000 bis 6000 Sterne zu sehen. Die Zahl der mit aufwendigen Großteleskopen nachvollziehbaren Sterne geht in die Milliarden. Wer diese Dimensionen zu denken versucht, dem wird schnell schwindlig. Wohl auch deshalb gibt es zur Orientierung drehbare Sternkarten, die meist nach Süden ausgelegt sind. Als älteste Darstellung des Sternenhimmels wird die Himmelsscheibe von Nebra bezeichnet. Mit der 4000 Jahre alten Scheibe wurde der Himmel in der Bronzezeit beobachtet. Abgeleitet wurde dann der geeignete Zeitpunkt von Aussaat und Ernte. Damit erhielt das bäuerliche Jahr eine erste Struktur.

Auf dem Pledlberg

Im Laufe der Jahrhunderte wurde aus der reinen Himmelsbeobachtung immer mehr (auch) ein wissenschaftliches Forschungsfeld. In Sternwarten bzw. astronomischen Beobachtungsstationen (Observatorien) wurde der Himmel mit ausgeklügelten Instrumenten erkundet und damit auch „vermessen“. Vorrangiges Interesse galt dabei den Himmelskörpern des Sonnensystems und der Milchstraße. Diese wissenschaftlichen Observatorien, zunehmend aber auch Volkssternwarten, sind meist auf erhöhten Standorten errichtet.

Die Sternwarte Winzer wurde Anfang der 2000er-Jahre von der Marktgemeinde auf dem Pledlberg gebaut. Betrieben wird sie von den engagierten Mitgliedern des Vereins „Volkssternwarte Unterer Bayerischer Wald“. In dem frühen Weinbaugebiet finden sich die ersten Höhenzüge des Bayerischen Waldes und

Kontakt zur Milchstraße mit dem Schaerrefraktor der Firma Carl Zeiss.

die Struktur ist ländlich. Dies war als Standortkriterium wichtig. Durch die Ausbreitung der Städte reichen die immer mächtiger werdenden Lichtdome manchmal bis zu hundert Kilometer weit. Weil dies bei der Himmelsbeobachtung enorm stört, wichen die Sternenbeobachter zunehmend in dünn besiedelte Gebiete aus. Ganz interessant nebenbei: Über 80 Prozent der Weltbevölkerung leben laut wissenschaftlicher Studien unter einem lichtverschmutzten Himmel. Eine Hauptursache ist die zunehmende Beleuchtung von Straßen, Plätzen, Häusern und Denkmälern.

Treffpunkt Sternwarte

Die Sternwarte auf dem Pledlberg ist an den Freitagabenden Treffpunkt für passionierte Kenner des Sonnensystems und für interessierte Laien. Gäste sind stets gern gesehen, auch Kinder und Jugendliche. Auf der vorgelagerten Terrasse des Gebäudes mit herrlichem Blick auf Donau und Gäuboden ist genügend Platz für Hobbyastronomen. Sie können hier zunächst mit ihren eigenen Teleskopen den Sternenhimmel beobachten. Wenn es allmählich finster wird, geht es in den Beobachtungsturm oder ins Planetarium. In Letzterem sind die Betreiber der Sternwarte besonders auf ihren Schaerrefraktor der Firma Carl Zeiss stolz. Die Daten für Objektiv und Brennweite sind für Fachleute sicherlich respektabel. Der übliche Besucher ist aber mit den wunderbaren Blicken zum Nachthimmel mehr als zufrieden. Faszinierende kosmische Welten tun sich auf und mit einigen Erklärungen kann sich der Laie unter den unzähligen funkelnden Lichtpunkten bald zurechtfinden. Die vielen Sterne, die er in einer mondlosen Nacht sehen kann, sind fast ausnahmslos Sonnen, ähnlich unserer eigenen Sonne. Sie prägen den Himmel, und ihre gegenseitigen Positionen bleiben unverändert. Schon früh regte die Anordnung dieser Fixsterne die Fantasie

der Menschen an. Den „Großen Wagen“ findet man nach dem Besuch der Sternwarte bestimmt ein ganzes Leben lang.
Weiterer Lernstoff: während die Fixsterne immer gleich zueinanderstehen, verändern die Wandelsterne oder Planeten ihre Position im Laufe von Wochen und Monaten. Auch unsere Erde ist so ein Planet. Mit bloßen Augen sind fünf Planeten zu erkennen: Merkur, Venus, Mars, Jupiter und Saturn. Nach der Erfindung des Fernrohrs wurden auch noch Uranus, Neptun und Pluto entdeckt. Um sich an die Reihenfolge der Planeten schnell zu erinnern, wird auch in Winzer manchmal ein bekannter Merksatz zitiert: „Mein Vater erklärt mir jeden Sonntag unseren Nachthimmel.“ Darin ist die Planeten-Reihenfolge mit zunehmendem Abstand von der Sonne in den Anfangsbuchstaben der Wörter enthalten: Merkur, Venus, Erde, Mars, Jupiter, Saturn, Uranus, Neptun.
Im holzbeschlagenen Hauptgebäude der Sternwarte Winzer können dann noch kleine Gruppen in der vier Meter großen Planetariumskuppel den Sternenhimmel der nördlichen und südlichen Hemisphäre beobachten. Aufgebaut sind fünfzehn bequeme Sessel und auf einer kleinen Reise ins Weltall gibt es weitere informative Einblicke in die Grundlagen der Himmelskunde. Dabei hilft ein Simulationsprojektor, der aktuelle Sternbilder spannend präsentiert und astronomische Themen aufnimmt. Kurz und gut: Der Besuch der Sternwarte Winzer kann einen Freitagabend zu einem spannenden Gesamterlebnis werden lassen. Vielleicht hat man danach weniger Angst, dass einem der Himmel auf den Kopf fällt.

Steinzeitliche Malereien und finstere Gesellen: der Teufelsfelsen bei Bad Griesbach

Die Szenerie und die dazugehörige Geschichte erscheinen bis heute unheimlich:
Mitten im dunklen, dicht zugewachsenen Reuterer Wald bei Bad Griesbach liegen wie ein Mahnmal zwei mächtige Steine schräg übereinander. Der eine ist sechs Meter lang und zwei Meter breit, der darunterliegende etwas kleiner. Durch ihre eigentümliche Lage bilden die Steine eine kleine Höhle. Hier trafen sich ab etwa dem Jahr 1700 Mitglieder eines Geheimbundes. Sie waren schwarz gekleidet und maskiert, gestikulierten wichtigtuerisch herum und redeten selbstgerecht aufeinander ein. Schließlich verurteilte dieses selbsternannte „Rügegericht" das Verhalten von Zeitgenossen durch einen Schuldspruch und übte danach lautschreiende Selbstjustiz. Der oder die Verurteilte wurden öffentlich gedemütigt und an den Pranger der dörflichen Gemein-

Die Haberer heckten beim Teufelsfelsen ihre Schandurteile aus.

schaft gestellt. Ehebruch, Heuchelei oder Geiz waren die verruchten Tatbestände, die selbstgerecht verurteilt wurden. Das Haberfeldtreiben war dabei mindestens derb, manchmal auch ziemlich brutal.
Damit zum Ausgangspunkt für den dunklen Gang zum Teufelsfelsen oder, wie das Denkmal auch genannt wird, zur Habererkirche. Als Konzession an leicht Fußkranke darf das Auto von der Griesbacher Ortsmitte in Richtung Waldlehrpfad verwendet werden. Auf dem Hügel im Reuterer Wald liegt ein geräumiger Parkplatz mit einem Kinderspielplatz. Von hier sind es noch etwa zehn Minuten Fußweg, es geht angenehm leicht abwärts. An der Spitzkehre bei einer uralten Eibe trifft der Wanderer auf eine Hinweistafel, die geologische Informationen vermittelt. Auf dem Waldboden finden sich einige Nagelfluhbrocken – das sind Ablagerungen von Millionen Jahre alten Alpenflüssen.
Zu lesen ist auf der Tafel auch, dass hier überall Steinbrocken versteckt sind. Ferner gäbe es in den Felsen rundherum Nischen, aus denen die Menschen früher Steinmehl für Heilzwecke entnommen hätten. Auf den ersten Blick sind diese Nischen nicht zu sehen.

Die Teufelssage

Plötzlich steht der Teufelsfelsen als steinernes Denkmal am Hang. Die massiven Steinbrocken bilden durch ihre uralte, unveränderte Lage eine kleine Höhle. Jeder Wanderer sieht sofort: Menschen konnten diese Steine unmöglich in diese Lage gebracht haben. Hier muss also eine Sage aushelfen und die wird in und um Bad Griesbach natürlich gerne geliefert. Demnach flog einst der Teufel persönlich mit einem riesigen Felsbrocken in den Händen über das Waldstück in der Nähe von Griesbach. Er wollte damit das ihm verhasste, in der Nähe gelegene Kloster

Tettenweis zerstören. Wahlweise soll es auch der Ort Griesbach gewesen sein, weil dessen Bewohner so fromm waren. Als der Teufel heranflog, läuteten die Glocken der Reuterer Kirche dermaßen heftig und anhaltend, dass der Satan nicht nur erschrak, sondern sogar seine schwere Last in den Wald fallen ließ. Es tat wohl einen heftigen Plumps und danach war erst einmal Ruhe.

Seit diesen Urzeiten liegt also das steinerne Monument in dem dunklen Gehölz und fordert die Passanten zum Nachdenken und zum Verweilen heraus. Durch die kleine Höhle, die wegen der Lage der Steine entstanden ist, kann ein Mensch in gebückter Haltung bequem hindurchgehen. Früher soll sie so groß gewesen sein, dass ein Fuhrwerk hindurchpasste. Aber das klingt schon wieder nach ausufernder Fantasie … Wahrscheinlicher ist es, dass die Felsenhöhle ein willkommener Unterschlupf für Jäger und Sammler war.

Und tatsächlich wurden hier steinzeitliche Felsmalereien gefunden. Auf der Innenseite der angelehnten Steinwand sind bei günstig stehendem Licht diese Malereien zu sehen. Es handelt sich um eine etwa einen Meter hohe „Habergoaß“ (Ziegenbock) und kleinere, tanzende Figuren. Manche denken sogar, dass nicht die Habergoaß, sondern der Teufel – ganz gemäß der Sage – an die Wand gemalt wurde.

Rundherum hat man ebenfalls Elemente aus der Steinzeit gefunden, was auf eine Siedlung um den Felsen hinweist. Uralte Steinwerkzeuge werden in diesem Zusammenhang genannt. Jedenfalls war die Habergoaß ein Unheilsbringer und führt zurück zu den Geschichten um die Habererkirche oder an den Teufelsfelsen. Hier könnten tatsächlich die geheimnisumwitterten Treffen der Haberer stattgefunden haben. Die Selbstgerechtigkeit von Moralaposteln hat ja zu allen Zeiten gelegentlich zu ausufernden, ungerechten Verurteilungen geführt. Die vorausgehenden, teils kleinkarierten und neidvollen Verhandlungen sollten aber öffentlich dann doch nicht allzu bekannt werden. Dafür zogen sich die Haberer lieber in den finsteren, anonymen Tann zurück.

Vierzig Grad minus und stockfinster: die ehemalige Schule Leopoldsreut

Auf der Suche nach einem Dorf, das es nicht mehr gibt! Ausgangspunkt für dieses ungewöhnliche Abenteuer ist das 400-Einwohner-Dorf Bischofsreut im Grenzgebiet des Bayerischen Waldes zu Tschechien. Es liegt am historischen Handelsweg „Goldener Steig“ zwischen Haidmühle und Philiippsreut. Der Kontakt zu Tschechien ist unmittelbar und seit der Grenzöffnung 1989 auch wieder sehr freundschaftlich.
Doch das war nicht immer so: Der Passauer Fürstbischof versuchte hier zu Beginn des 17. Jahrhunderts mit kleinen Ansiedlungen die Grenze zu Böhmen zu sichern. Scharmützel gab es immer wieder. Viel später – während des sogenannten „Kalten Krieges“ – wurden die umliegenden Wälder zu einem hermetisch abgeriegelten Sperrgebiet. Diese Zeit ist vorbei. Trotzdem hat sich noch viel Ruhe erhalten in diesem einsamen Grenzlandstrich. Mit rund 60 000 Übernachtungen im Jahr ist aber auch hier der Tourismus auf dem Vormarsch.
Das Dorf, das es nicht mehr gibt, heißt Leopoldsreut und lässt sich am besten von Bischofsreut aus erreichen. Vier gut ausgeschilderte Kilometer entfernt liegt das „Mysterium“. Die ersten zweieinhalb Kilometer auf dem gut präparierten Waldweg kann man noch mit dem Auto zurücklegen. Von einem Parkplatz aus sind es dann allerdings mehrere Minuten Fußmarsch durch ei-

nen dicht bestandenen, gut gepflegten Staatswald. Bis kurz vor einer Lichtung deutet aber nichts darauf hin, dass hier bis in die 1960er-Jahre hinein ein Dorf stand, das an seine Bewohner extreme Anforderungen gestellt hat.

Kalt und finster

In früheren Schilderungen heißt es, dass der Winter hier acht Monate gedauert hat. Nicht selten türmten sich noch im Juni meterhohe Schneewände rund um die Ansiedlung auf. Die Menschen von Leopoldsreut mussten mit sibirischen Temperaturen fertig werden. Auch kränkelnde Alte und noch nicht abgehärtete Kinder waren Stürmen und ungezähmten Naturgewalten ausgesetzt. Es war ständig finster und bitterlich kalt oder zur Abwechslung deprimierend stürmisch und immer noch finster. Der einsame Ort in 1100 Metern Höhe war bei Temperaturen von über dreißig Grad Minus häufig für mehrere Wochen von der Außenwelt abgeschnitten. Manchmal konnten die Häuser nur noch über die Dächer verlassen werden. Wie es heißt, war es nicht ratsam, in diesem Gebiet krank zu werden. Ärztliche Hilfe musste sich erst durch meterhohe Schneewehen durchkämpfen, wenn dies überhaupt möglich war.

Plötzlich taucht ein märchenhaftes Bild auf: Am Rande einer Lichtung stehen die kleine Nepomuk-Kirche und daneben das alte, teils aus Holz errichtete Schulhaus. Das ist alles, war von Leopoldsreut, dem einst höchstgelegenen Bergdorf Deutschlands übriggeblieben ist: Eine Idylle inmitten eines unüberschaubaren Waldes.

Die Kirche St. Nepomuk ist in einem hellen Gelb heruntergeputzt, das noch relativ neu anmutet. Jedenfalls ist ein derart gepflegter Anstrich in dieser gottverlassenen Gegend nicht unbedingt zu erwarten. Das einfach gestaltete Gotteshaus ist of-

Das alte Schulhaus von Leopoldsreut und die Kirche St. Nepomuk stehen einsam im Wald.

fen, auch das verwundert einen. Es ist nachzulesen, dass das Kreuz in der Kirche von Fritz Schuster, dem „Herrgottschnitzer von Grainet“, aus Eichenbalken der niedergelegten Häuser geschnitzt wurde. Auch ein Buch mit Widmungen von Besuchern ist ausgelegt. Alle loben die Einsamkeit und Mystik des Ortes. In der Nachbarschaft der Kirche sind nur noch ein kleines Forsthaus und das längst aufgelassene Schulhaus zu sehen. Es galt bis zur Auflösung der Schule 1955 als höchstgelegene Schule Deutschlands. Damals wurden nur noch fünf Kinder unterrichtet. Mit der Schulschließung ging die Zukunft von Leopoldsreut dann endgültig verloren.

Der Niedergang hatte aber schon lange davor begonnen. Mit kleinbäuerlicher Landwirtschaft war nach dem Wegfall des Salzhandels auch das anspruchsloseste Leben nicht mehr zu fristen. Noch dazu waren die Böden karg, die äußeren Umstände – wie gehört – beinahe lebensfeindlich. Im 18. und 19. Jahrhundert suchten immer mehr Bewohner Arbeit und Auskommen in

den Glashütten und Hammerwerken der Umgebung und wanderten ab. In der Zeit des Kaltes Krieges schnürten die feindlich aufgeladenen Verhältnisse dem heimischen Lebensraum weitere Lebensadern und Entwicklungsmöglichkeiten ab. Auch das westdeutsche Wirtschaftswunder der Nachkriegszeit nahm von der abgelegenen Gegend keinerlei Notiz. Dann kam auch noch der harte Winter von 1962/63 mit Temperaturen von bis zu minus 32 Grad. Da waren auch die zähen „Waldler" müde und erschöpft. Als dann zugleich auch noch der Forst verstaatlicht wurde, räumten die allerletzten Bewohner ihre Anwesen.
Von den 150 Menschen, die zeitweise in 35 Häusern in Leopoldsreut gelebt hatten, ist bis auf die Schule und die Kirche nichts mehr übrig geblieben. Die Gebäude wurden abgerissen, die freien Dorfflächen aufgeforstet. Übrig geblieben ist ein beeindruckendes „Mysterium" aus einer entbehrungsreichen Zeit.

Stete Erinnerung an den Tod: Holzkreuze am Wegrand von Arnbruck

Das Zellertal ist eine landschaftlich besonders reizvolle Talsenke am nördlichen Rand des Bayerischen Waldes. Bekannte Eckpunkte sind die Tourismus-Hochburg Bodenmais einerseits und das Kneipp-Heilbad Kötzting im Tal des Weißen Regens andererseits. Als mächtigster Berg der Region ragt der Große Arber imposante 1456 Meter in die Höhe. Das Zellertal wird nicht zuletzt als ausgewiesene Wanderregion angepriesen. So gibt es einen Goldsteigwanderweg entlang des historischen Wirtschaftswegs „Goldener Steig" oder auch Naturlehrpfade und sogar einen Kapellenwanderweg.

Im Zellertal ist noch eine Vielzahl von sogenannten „Totenbrettern“ erhalten. Derartige Gedenkbretter finden sich in nennenswerter Zahl und handwerklich ansprechender Güte eigentlich nur noch im Bayerischen und im Oberpfälzer Wald. Eines der bekanntesten Motive des gesamten Bayerischen Waldes ist die Totenbrettergruppe bei der Liebfrauenkapelle am Ortseingang von Arnbruck im Zellertal. In der langen Reihe von ungefähr 80 Totenbrettern finden sich eindrucksvolle Beispiele aus zweihundert Jahren. Es handelt sich dabei um Volkskunst im besten Sinne der Ausführung. Das älteste Brett bezieht sich auf das Jahr 1861. Zu sehen sind entlang der Straße Bretter, die mit einem Dach versehen sind, darüber vielfach ein Kreuz, jedes einzelne Brett individuell gestaltet und beschriftet. Die Bemalung ist mal spärlich, mal etwas ausladender, verblasst oder noch relativ frisch. Abbildungen sind die Ausnahme auf den Totenbrettern an der Liebfrauenkapelle von Arnbruck. Einzelne Hinterglasbilder sind schon stark verwittert. Mit der unmittelbar vorbeilaufenden Ortsstraße verstehen sich die Totenbretter allerdings wohl nicht besonders gut.

Kleine Kunstwerke

Totenbretter zählen, genau wie Weg- und Feldkreuze, Bildstöcke und Kreuzwege, zur Gruppe der Flurdenkmäler. Schätzungen gehen davon aus, dass im Bayerischen Wald ein paar tausend dieser Toten- und Gedenkbretter stehen dürften. Das sind meist einzelne Bretter oder auch kleinere Gruppen. Sie wurden vor Kirchen aufgestellt, vor Bauernhöfen oder an einsamen Wald- oder Wegerändern. Engagierte Vereine kümmern sich heute um den Erhalt dieser örtlichen Personen- und Zeitzeugnisse. Auch neue Tafeln für verstorbene Vereinsmitglieder werden aufgestellt. Diese Bretter werden als einfache Gedenkbretter erhalten, um zum Gebet für den Toten aufzurufen. Auch die Lebenden sollen stets an den eigenen Tod erinnert werden.

Wie kam es zum Brauch der Totenbretter?

In Bayern wurde die Bestattung der Toten in Särgen erst etwa um das 17./18. Jahrhundert eingeführt. Vorher bahrten die Angehörigen ihre Toten auf schlichten Fichtenbrettern auf. Zwei Tage und Nächte blieb der Tote darauf liegen, begleitet von betenden Verwandten. Nach diesem sogenannten „Aufbleiben" wurde die Leiche in ein Leintuch gewickelt und zum Grab gebracht. Hier rutschte der Tote dann vom Brett ins Grab. Das Brett wurde zunächst über den Leichnam gedeckt, in späteren Jahren lagerte man es so, dass es möglichst schnell verfaulte. Hier spielte der Volksglaube eine sehr ernst genommene Rolle. Demnach findet

Achtzig Totenbretter vor der Liebfrauenkapelle am Ortseingang von Arnbruck.

die Seele des Toten erst dann ihre Ruhe, wenn das Holz zerfallen oder morsch geworden ist. War man dem Verstorbenen wohlgesonnen, sorgte man also vor: Man wählte eine schnell verrottende Holzsorte und stellte das Brett so auf, dass es Wind und Wetter ausgesetzt war. So konnte das Totenbrett möglichst bald zerfallen und die arme Seele ihre Ruhe finden.
Nachdem um das Jahr 1800 auch im Bayerischen Wald Särge bei Beerdigungen benutzt werden mussten, war das Totenbrett für den Weg zum Grab überflüssig geworden. Deshalb fertigten die Schreiner bald immer kunstfertigere, nahezu künstlerische Totenbretter an. Diese wurden dann als persönliche, sehr individuelle Andenken an die gewesenen Menschen aufgestellt. Der Maler schrieb den Namen des Verstorbenen drauf und setzte einen Spruch oder Vers darunter. Mehr oder weniger aufwendige Schnitzereien und farbige Malereien wurden erst ab der Mitte des 19. Jahrhunderts üblich. Neben ernsten Inschriften auf Totenbrettern kam auch der manchmal derbe Humor der Waldregion nicht zu kurz. Eine kleine Auswahl mag dies verdeutlichen:
Hier ruht Barbara Gschwendner, sie wog zweieinhalb Zentner. Gebe Gott ihr in der Ewigkeit, nach ihrem Gewicht die Seligkeit.
Hier liegt Pfarrer C. Eberhart, ein Mann von alter, deutscher Art; von den Gelehrten war er keiner, aber von den Geschwinden einer. Kurz und gut haben's die Bauern gern, drum trauern's um ihren geschwinden Herrn!
Er war ein armer Schreinergesell / ob er in den Himmel kommt oder in die Höll? Zum Glück war er ledig / Herrgott sei ihm gnädig.
Und für eine 75-jährige Frau: „Kaum hast du die Welt gesehen, in der schönsten Blütezeit, musstest du von hinnen gehen."

Weitere Bücher aus der Region

Aufgewachsen in Regensburg
in den 40er- und 50er-Jahren
Alexandra Stupperich/ Rita Lell
64 S., geb., zahlr. S/w-Bilder
ISBN 978-3-8313-1873-5

Aufgewachsen in Regensburg
in den 60er- und 70er-Jahren
Harald Pilz/Alexandra Stupperich
64 S., geb., zahlr. S/w-Bilder
ISBN 978-3-8313-1916-9

Regensburg gestern und heute
Reiner Vogel/Bianca Wohlleben-Seitz
72 S., geb., zahlr. S/w- und Farbfotos
ISBN 978-3-8313-2474-3

Unsere Glücksmomente
Geschichten aus Regensburg
Vivi Heider
80 S., geb.
ISBN 978-3-8313-3321-9

Echt clever!
Geniale Erfindungen aus Bayern
Heidi Fruhstorfer
120 S., geb., zahlr. S/w- und Farbfotos
ISBN 978-3-8313-2992-2

Wartberg-Verlag GmbH
Im Wiesental 1 34281 Gudensberg
www.wartberg-verlag.de

Bücher für Deutschlands Städte und Region
Tel. 0 56 03 - 93 05 0
Fax. 0 56 03 - 93 05 28